美国总统约翰·肯尼迪(左)和副总统林登·约翰逊(右)与印尼总统苏加诺(中)在一起,1961年4月25日。

图片来源:https://www.jfklibrary.org/Asset－Viewer/Archives/JFKWHP－KN－C17631.aspx。

南大亚太论丛·**美国海外隐蔽行动研究系列**
主编 石斌

**本书受江苏省社会科学基金资助出版**

# 美国与印尼
# "九三零"事件

何晓跃 著

南京大学出版社

# 《南大亚太论丛》总序

　　"南京大学亚太发展研究中心"于2016年夏初创设并渐次成长,得"南京大学亚太发展研究基金"之专项全额资助,实乃一大助缘、大善举;众多师友、同道的鼓励、扶持乃至躬身力行,同样厥功至伟。

　　此一学术平台之构建,旨在通过机制创新与成果导向,以国际性、跨国性与全球性议题为枢纽,将人文社会科学诸领域具有内在关联之学科方向、研究内容与学术人才,集成为国际关系、国家治理、经济发展、社会文化等多个"研究群",对大亚太地区展开全方位、多层次、跨学科研究,并致力于承担学术研究、政策咨询、人才培养、社会服务与国际交流等功能。

所谓"亚太",取其广义,乃整个亚洲与环太平洋地区之谓。不特如此,对于相关全球性问题的关切,亦属题中之义。盖因世界虽大,却紧密相连。值此全球相互依存时代,人类命运实为一荣损相倚、进退同步之共同体,断难截然分割。面对日益泛滥的全球性难题,东西南北,左邻右舍,各国各族,除了风雨同舟,合作共赢,又岂能独善其身,偷安苟且? 所谓"发展",固然有"政治发展"、"经济发展"、"社会发展"等多重意蕴,亦当有"和平发展"与"共同发展"之价值取向,其理亦然。

吾侪身为黉门中人,对于大学之使命,学人之天职,理当有所思虑。故欲旧话重提,在此重申:育人与问学,乃高等教育之两翼,相辅相成、缺一不可。大学之本是育人,育人之旨,在"养成人格",非徒灌输知识、传授技能;大学之根是学问,学问之道,在"善疑、求真、创获"。二者之上,更需有一灵魂,是为大学之魂。大学之魂乃文化,文化之内核,即人文价值与"大学精神":独立、开放、理

　　　　　　　　　　美国与印尼"九三零"事件

性、包容、自由探索、追求真理、禀持理想与信念。大学之大，盖因有此三者矣！

南京大学乃享誉中外之百年老校，不独底蕴深厚、人文荟萃，且英才辈出、薪火相续。于此时代交替、万象更新之际，为开掘利用本校各相关领域之丰厚学术资源，凝聚研究团队，加强对外交流，促进学术发展，展示亚太中心学术同仁之研究成果与学术思想，彰显南京大学之研究水平与学术风格，我们在《南大亚太评论》、《现代国家治理》、《人文亚太》、《亚太艺术》等学术成果已相继问世的基础上，决定再做努力，编辑出版《南大亚太论丛》。

海纳百川，有容乃大。自设门户、画地为牢，绝非智者所为。所谓"智者融会，尽有阶差，譬若群流，归于大海"，对于任何社会政治现象，唯有将各种研究途径所获得的知识联系起来，方能得到系统透彻的理解，否则便如朱子所言，"见一个事是一个理"，难入融会贯通之境。办教育、兴学术，蔡元培先生主张"囊括大典，网罗众家，思想自由，兼容并包"。《论丛》的编纂，亦将遵循此种方针。

故此，《论丛》之内容，并不限于一般所谓国际问题论著。全球、区域、次区域及国家诸层面,内政外交、政治经济、典章制度与社会文化诸领域的重要议题,都在讨论范围之内。举凡个人专著、合作成果、优秀论文、会议文集,乃至特色鲜明、裨利教学的精品教材,海外名家、学术前沿的迻译之作,只要主题切合,立意新颖,言之有物,均在"网罗"、刊行之列。此外我们还将组织撰写或译介各种专题系列丛书,以便集中、深入探讨某些重要议题,推动相关研究进程,昭明自身学术特色。

要而言之,南京大学亚太发展研究中心所执守之学术立场,亦即《论丛》之编辑旨趣:一曰"本土关怀,世界眼光";再曰"秉持严谨求实之学风,倡导清新自然之文风";三曰"科学与人文并举,学术与思想共生,求真与致用平衡"。

一事之成,端赖众力。冀望学界同仁、海内贤达继续鼎力支持、共襄此举,以嘉惠学林,服务社会。值出版前夕,爱申数语,以志缘起。

石　斌

2018 年元旦于南京

# 主编的话

　　世界政治波谲云诡、错综复杂。自现代民族国家体系成型以来，国家间关系的常态始终是共识与分歧、合作与冲突、妥协与竞争并存，绝对的和谐或绝对的冲突，都不符合实际。就国际竞争而言，国家可能采用的战略手段与对外政策工具多种多样，有的温和、友好，有的则带有敌意与攻击性；有的公开透明，有的则秘而不宣。既不友好也不公开的对外活动，一般还被统称为"隐蔽行动"。"隐蔽行动"同样种类繁多，按照学术界的一般看法，至少可分为隐蔽宣传行动、隐蔽政治行动、隐蔽经济活动、准军事行动等类型。

对外隐蔽行动，尤其是二战后以来美国等西方国家的对外隐蔽行动，是国际关系史研究，特别是冷战史研究的一个重要领域。这类课题在欧美学术界既属于军事与战略情报史研究的范围，也是国际关系和外交史研究的对象。保罗·肯尼迪、厄内斯特·梅、理查德·伊默曼、约翰·路易斯·加迪斯等著名战略学、国际政治学或国际关系史学者，或多或少都曾从事过这方面的研究和论述。较之西方学者对这一主题的持续关注及其不断问世的大量论著，中国学者所做的努力虽然比过去多了一些，但还非常有限，差距也很明显。

西方大国在冷战时期遍及全球的隐蔽行动，是其对外战略与对外政策的一个重要组成部分。以美国中央情报局等部门为主所进行的对外隐蔽活动，包括对他国的秘密干涉与颠覆活动，以及政治战、心理战、宣传战等等，是美国对外政策与对外行为的一个重要而又特殊的侧面,更是美国冷战政策的一大"特色"。然而过去由于文献史料方面的限制,人们往往一知半解,难闻其详。就冷战时期的相关问题而言,欧美学者从自身的立场和观察角度所得出的结论,自然也需要加以分辨,未可照单全收。自冷战结束以来,美国等东西方相关国家陆续开放了许多原始档案文献,这使我们有可能借助更为全面和可靠的材料,揭开隐蔽活动的神秘面纱,打破陈说、道听途说或西方学者的一家之言,进一步揭示历史真相,弥补国内相关学术空白或研究短板,拓展国际关系和外交史研究的论题与视域,从而有助于对战后以来的国际关系和有关国家的对外政策获得更加全面的认识。

因此,我们决定首先从一些与美国有关的典型案例入手,组织一批来自军队与地方高等院校、科研机构的国际战略、国际关系或外交史学者,共同编纂"美国海外隐蔽行动"专题研究系列。

为了实现此项研究的初衷,在研究目标、学术规范与编写体例等方面保持必要的一致性，我们希望各位作者在研究和写作的过程中，尽可能遵循以下几项原则。

其一，就研究性质而言，这套系列丛书属于历史案例研究（"案例"在此可以较为宽泛地理解为具有典型意义的事件、政策、计划、行动或议题），研究对象与主题非常明确，故要以叙事为主，议论为辅，紧扣主题，突出重点，主要靠事实与证据说话。

其二，就研究目的而言，要联系相关国际与国内背景，尽可能准确描述事情的来龙去脉，尤其是美国政府有关政策或计划的决策与实施过程，以说明其动因、目标与得失，反映该案例的性质、特点、影响及其相对于其他类似案例所具有的独特性与认识论价值；此外还要注意揭示美国海外隐蔽行动与美国冷战战略、国家安全战略或地区战略之间的联系，并就美国对外政策与对外行为的一些重要特点或一般规律，提出中国学者的独立见解。

其三，在研究方法上，要严格遵循外交史或国际关系史研究之学术规范,立足翔实、可靠的外交档案文献和其他第一手资料,尽可能还原历史真相,纠正错误认识,并力求反映国内外最新研究成果。

其四,在写作风格上,不妨在注重学术性与思想性的同时,兼顾趣味性与可读性,俾使学术著作能够走出书斋,走向大众,为更多的人所赏阅。故篇幅宜短小精悍,语言要简洁生动,惟陈言、赘语、套话之务去。以厘清事情之原委、揭示问题之实质为首要目的,不必连篇累牍,任意敷衍,徒增读者负担。当然,在符合研究宗旨,遵循基本规范的前提下,作者可以也应该有自己的叙事、行文与思想风格。

最后需要说明的是,美国作为一个全球性大国,一向热衷海外干涉,其对外隐蔽行动频率之高、事例之多、影响之大,并世无双。限于研究能力,我们目前所选择的十数个分析案例仅仅是其中一小部分,如果条件允许,还可以逐步扩充。而且,就整体考察乃至战略与理论层面的探讨而言,历史案例研究也还只是一项基础性工作,今后还有大量的工作要做。因此，我们非常希望有更多对此项课题感兴趣的学术同行加入我们的研究队伍。对于此项工作中所存在的缺点与不足，也真诚欢迎学界同仁予以批评和指正。

2018 年 1 月 20 日

美国与印尼"九三零"事件

# 前　言

　　印尼"九三零"事件以及该事件与美国隐蔽行动
（Covert Action）的关系是庞大且充满争论的议题。本书
所指的"九三零"事件，是 1965 年 9 月 30 日晚至 10 月 1
日凌晨印尼发生的翁东政变[①]及后续的与翁东政变相关
的印尼政治、安全、外交和经济社会发展进程。本书把
"九三零"事件的结束时间定为 1966 年 3 月，即苏加诺政

---

[①]　狭义的印尼"九三零"事件指"翁东政变"，本书根据行文需要，在必要
　　处将"九三零"事件和"翁东政变"两个表述交替使用。

府、印尼共产党（下文简称印尼共）和印尼陆军三足鼎立政治格局的瓦解，及以苏哈托为首的印尼新的准政府的建立。"九三零"事件发生后，以苏哈托为首的印尼陆军右翼派系成功驱逐左翼派系，继而印尼陆军在全国范围内展开打击和清洗印尼共组织力量的行动，同时削弱苏加诺政府的执政基础，打破了苏加诺政府、印尼共和印尼陆军三股政治力量鼎立的政治格局，进而为苏哈托为首的陆军力量推翻苏加诺政府，并建立苏哈托政府主导下的"新秩序"铺平了道路。同时，在"九三零"事件中，由于印尼复杂的政党因素、国内外关系网络以及印尼陆军突破人类伦理底线的行为，大批印尼共成员、印尼共的支持者和同情者遭到屠杀，是人类历史上惨绝人寰的大规模屠杀灾难之一。

"九三零"事件是印尼国家发展史上的关键转折点，对印尼国内政治格局变迁和经济社会发展产生了深远的影响。对于印尼陆军来讲，"九三零"事件为其清洗印尼共力量提供了借口，事件直接导致了苏哈托集团权势的上升、苏加诺政府权势的相对下降以及印尼共作为合法政治力量的消亡；对于美国政府来讲，印尼陆军掌权是约翰逊政府乐于看到和接受的结果，符合美国在印尼、东南亚乃至全球的国家利益取向。

关于美国在印尼"九三零"事件的发生、发展中扮演了何种角色、起到了何种作用的问题，虽然既有研究成果中的相当一部分内容仍然存在争议或是无法证实，但有一点可以确定的是，在"九三零"事件发生前和发生后，美国白宫、国务院、国防部、中情局、国家安全委员会和美国驻印尼使馆等部门①与印尼陆军相互配合，联合印尼国内其他反苏加诺政府和反印尼共的政治力量，实施了一系列在美国政府看来符合实际且卓有成效的隐蔽行动。约翰逊政府在印尼实施隐蔽行动的经验被后续政府加以总结、借鉴和应用，如在智利发生的皮诺切特推翻阿连德政府的政变中，美国政府实施的隐蔽行动与其在印尼"九

---

① 根据美国政府解密的档案，英国政府、澳大利亚政府和日本政府也不同程度地参与到了约翰逊政府对印尼的隐蔽行动中。

三零"事件中实施的隐蔽行动存在诸多相通之处。美国政府对印尼的隐蔽行动主要包括为印尼陆军提供通信设备、武器装备、舆论宣传和经济物资的支持,为印尼陆军和其他反印尼共力量提供印尼共领导成员和骨干力量的名单,以及出面协调英国在印尼与马来西亚冲突中的立场和态度,为处于政治格局转换关键节点的印尼陆军减少外部压力。

总的来讲,美国政府的隐蔽行动对"九三零"事件发生前后的印尼政治、安全、外交和经济社会发展进程产生了关键影响。同时也应该看到,美国政府对印尼的隐蔽行动(尤其是对印尼陆军的援助)在艾森豪威尔政府和肯尼迪政府期间便已经持续存在,艾森豪威尔政府和肯尼迪政府对印尼的隐蔽行动与约翰逊政府对印尼的隐蔽行动在逻辑上是紧密相连的。本书研究的核心在于依托美国政府解密的关于"九三零"事件的档案材料及其他相关史料,厘清印尼"九三零"事件与美国隐蔽行动的关系。

# 目 录

# I

---

# 1965 年之前美国与印尼的关系网络

20 世纪 50 年代至 70 年代,东南亚地区因其重要的地缘、政治、经济和安全战略价值,在美国外交政策议程中占据重要地位,这其中,印尼又是美国东南亚政策关注的焦点。美国参谋长联席会议于 20 世纪 60 年代初指出,印尼人口众多、自然资源丰富、战略位置显著,是东西方争夺的重要对象,美国在印尼拥有诸多战略利益。[①]在经济利益方面,印尼西接印度洋、东连太平洋,美国及其部分盟友的诸多海运贸易都须经过印尼领海所辖航道;印尼拥有储量极大的石油、橡胶、锡等战略资源,而这些资源正是美国不想让社会主义阵营的国家获得的。[②]二战期间,对于这些战略物资和资源的争夺是美日太平洋战争的角力点之一。[③] 二战后,美国在印尼石油业和

---

① *Foreign Relations of the United States*(美国外交关系文件,以下简称 *FRUS*),1961—1963, Vol. XXⅢ , Washington:United States Government Printing Office,1994,pp.443 – 445.

② *FRUS* ,1961—1963, Vol. XXⅢ , pp.443 – 445.

③ Jaechun Kim,"U.S. Covert Action in Indonesia in the 1960s:Assessing the Motives and Consequences",*Journal of International and Area Studies* , Vol. 9,No. 2,2002,pp.63 – 85.

橡胶业的投资甚巨，大量美国私人企业在印尼投资橡胶和石油业，印尼大部分的橡胶种植园和油田为美国企业所占有。在安全利益方面，参谋长联席会议指出，社会主义阵营在印尼爪哇和苏门答腊建立的军事基地对东南亚条约组织（Southeast Asia Treaty Organization）成员国构成了安全方面的直接威胁，也给美国在东南亚的战略军事地位带来了可见的影响[①]；一旦倒向社会主义阵营，印尼将成为社会主义国家对菲律宾和南太平洋诸岛展开行动的桥头堡，同时也将严重损害西方国家在西太平洋的军事地位。此外，美国参谋长联席会议认为，印尼倒向社会主义阵营极易引发共产主义作为"未来潮流"的多米诺骨牌效应，而这对美国来讲是无法接受的。[②] 基于上述原因，印尼始终处于肯尼迪政府和约翰逊政府东南亚政策议程的优先位置。

---

① *FRUS*，1961—1963，Vol. XXⅢ，pp.443 - 445.
② *FRUS*，1961—1963，Vol. XXⅢ，pp.443 - 445.

## 第一节　肯尼迪政府的新思维

肯尼迪(John F. Kennedy)就任美国总统后,在美国对印尼的外交政策方面进行了较大调整:一是,在印尼推行民事行动项目(Civic Action Program),该项目在苏加诺政府可接受的范围内,符合肯尼迪对第三世界推行的战略框架,也符合美国政府有意扶持印尼陆军的一贯思维;二是,出面协调解决了印尼与荷兰之间的西伊里安(West Irian)问题,找到了印尼、荷兰和美国三方都能接受的解决方案,对于印尼来讲,西伊里安主权重回印尼令苏加诺政府感到满意;三是,肯尼迪在幕僚的建议下,倾向于与苏加诺建立较为良好的私人关系。肯尼迪政府的相关政策使印尼与美国之间的关系较艾森豪威尔政府时期有了一定程度的缓和,但肯尼迪政府之所以缓和与印尼的关系,其根本动因在于压制印尼共力量的发展壮大、阻止印尼共夺权，维护美国在印尼和东南亚的战略利益，在这点上肯尼迪政府与艾森豪威尔政府并无本质区别，只是策略不同而已。

## 一、 民事行动项目

肯尼迪上台后，美国政府相关部门和美国驻印尼大使馆都把政府换届视为扩大美国对印尼援助的新机会。美国驻印尼大使霍华德·琼斯（Howard P. Jones）迫不及待地给国务院发去电报，建议对美国的印尼政策及美国在印尼的行动项目进行重新评估。琼斯认为，美国对印尼的援助要强调政治效果，应具备更多的灵活性，并通过隐性或显性的方式开展心理行动以影响印尼民众的心理。①

1961 年 5 月，美国助理国防部长威廉·邦迪

---

① *FRUS*，1961—1963，Vol. XXⅢ，pp.302-304.

（William P. Bundy）[①]向总统专门助理拉尔夫·敦冈（Ralph A. Dungan）建议重启1957年美国对印尼的援助计划。邦迪建议美国政府把大部分的援助给予印尼陆军，同时对印尼空军和海军给予象征性援助，以此避免被外界认为印尼陆军是美国实现外交政策目标的工具。[②]但这一援助项目并不是肯尼迪政府与苏加诺政府打交道过程中的最重要部分，肯尼迪政府协助西伊里安问题的解决以及推进民事行动项目才是最重要的内容。这其中，民事行动项目是肯尼迪政府针对第三世界国家提出的新外交政策，得到了美国政府内外的广泛支持。就印尼来讲，民事行动项目在印尼农村地区得到了良好的实践，取得了显著的效果。

---

① 威廉·邦迪于1964年3月14日前任负责国际安全事务的助理国防部长，1964年3月16日起任负责远东事务的助理国务卿。威廉·邦迪与肯尼迪政府和约翰逊政府的国家安全事务助理麦克乔治·邦迪（McGeorge Bundy）是兄弟关系。

② Bryan Evans Ⅲ，"The Influence of the United States Army on the Development of the Indonesia Army（1954—1964）"，*Indonesia*，No.47，1989，pp.25-48.

在 1961 年苏加诺访问美国前夕,中情局官员爱德华·兰斯代尔(Edward Lansdale)向威廉·邦迪提出,印尼和美国双方可以在苏加诺访美期间就民事行动项目进行磋商。兰斯代尔认为,该项目可以拉近印尼陆军、美国陆军与印尼民众之间的距离,提升普通民众对于印尼陆军的支持率。[①] 同年 8 月,由美国弗莱彻学院(Fletcher School)唐纳德·汉弗莱(Donald Humphrey)教授和布鲁金斯学会(Brookings Institution)沃尔特·萨兰特(Walter Salant)带队的工作组赴雅加达就实施民事行动项目的可行性进行调研,汉弗莱在听取了印尼国防部长纳苏蒂安(Abdul Haris Nasution)关于印尼陆军在国家建设中所承担角色的全面报告后,对于民事行动项目在印尼所具备的可行性作了积极的评价。

美国于 1962 年年中开始在印尼正式推行民事行动

---

① Bryan Evans Ⅲ, "The Influence of the United States Army on the Development of the Indonesia Army(1954—1964)", *Indonesia*, No.47, 1989, pp.25 - 48.

项目,在 1963 年全面铺开,该项目的实施一直持续到 1965 年"九三零"事件的爆发。民事行动项目对于印尼陆军力量的拓展起到了重要作用。借助美国提供的援助,陆军得以在农村地区发展力量、巩固威信和拓展群众基础,同时压制和打击印尼共力量。

## 二、 西伊里安问题

肯尼迪政府认为,艾森豪威尔政府对印尼的外交政策是错误的。[①] 在印尼外岛叛乱中,艾森豪威尔政府对于叛军的支持严重损害了印尼和美国之间的关系。即使此后艾森豪威尔政府放弃了对于叛军的隐蔽支持,把印尼陆军作为压制印尼共的最大依托力量,其与苏加诺政府之间的关系依然糟糕。导致这种局面的最重要原因在于艾森豪威尔政府在西伊里安问题上持中立立场,印尼

---

① Matthew Jones, "U.S. Relations with Indonesia, the Kennedy-Johnson Transition, and the Vietnam Connection, 1963—195", *Diplomatic History*, Vol. 26, No. 2, 2002, pp.249 - 281.

把美国政府不愿推动印尼和荷兰之间就西伊里安问题进行谈判的行为，视为美国对荷兰殖民主义的支持。

美国驻印尼大使琼斯在肯尼迪上任后几天便提交了一份 7 点计划，以阻止印尼落入共产党人之手。① 琼斯 7 点计划的核心是：推动西伊里安问题解决的关键在于使苏加诺政府得到美国政府的一种承诺，即西伊里安能够重新回归印尼；与推动西伊里安问题的解决同样重要的是，苏加诺与肯尼迪之间须建立一种良好的私人关系。除琼斯外，肯尼迪政府内部其他一些官员也主张让西伊里安主权重回印尼。

苏加诺政府方面也感受到了肯尼迪政府可能的政策转变，并释放了改进两国关系的信号。1961 年 1 月 21 日，苏加诺给肯尼迪发来贺电祝贺其当选总统。美国驻印尼大使琼斯认为肯尼迪邀请苏加诺访美是解决两国分歧的有效途径，邀请信可以对苏加诺 21 日的贺信表示感

---

① *FRUS*，1961—1963，Vol. XXⅢ，pp.302 - 304.

谢,并表明肯尼迪政府反对任何形式的帝国主义和殖民主义,致力于民族独立,决心找到西伊里安问题的和平解决之道。① 2月13日,印尼方面谨慎地表示希望与新上任的肯尼迪政府改善关系,印尼外交部也已经在早先放出信息,表示理解美国再三警示印尼不能以武力解决西伊里安问题的用意。②

美国警示印尼勿以武力解决西伊里安问题事出有因。在同年1月2日至6日,印尼国防部长纳苏蒂安率领高级代表团访问苏联,双方于6日达成印尼向苏联采购武器的协议。印尼宣布之所以向苏联采购武器,是因为荷兰在西伊里安构建军事设施。在同月16日的新闻发布会上,纳苏蒂安公布了印尼武器采购的具体项目,包括轰炸机、战斗机、鱼雷艇和潜艇。

1961年3月7日,美国国家情报委员会对于印尼国内政治安全形势的变化作了评估,认为印尼国内的政治

① *FRUS*,1961—1963,Vol. XXⅢ,p.307.
② *FRUS*,1961—1963,Vol. XXⅢ,p.310.

力量对比在接下来一年左右的时间里不会发生太大变化,苏加诺会利用陆军和印尼共的相互敌对关系构建国内政治格局的平衡,并使自己处于主导地位。美国国家情报委员会同时认为:苏加诺的政治立场持续向社会主义阵营偏转,印尼共目前在印尼国家政府中占据诸多重要岗位,拥有广泛的影响力,印尼陆军抑制印尼共力量增长的努力没有产生效果;在对外关系方面,印尼也正在加速向社会主义阵营靠近,苏联领导人与苏加诺之间的个人联系,以及苏联对于印尼的军事和经济援助对苏加诺政府形成了明显的影响力。美国国家情报委员会估计社会主义阵营给予印尼的贷款已经达到 11.03 亿美元,其中 5.93 亿用于军事援助,5.1 亿用于经济援助。这些援助对于苏加诺落实发展国内经济和军事力量的计划都是至关重要的,但美国认为,这些援助并没有扭转印尼国内经济衰败的趋势。美国国家情报委员会认为,印尼陆军已经从苏联获得了一定的援助。尽管印尼陆军发言人表示他们更倾向于选择美国的装备和训练,但对于美国在军事援助方面的具体数量、项目种类的限制和援助进行的实际速度表示失望。美国国家情报委员会担心印尼陆军抑制印尼共的效果会被苏联的军事援助和训练项目不断侵蚀。在西伊里安问题上，美国国家情报委员会认为印尼将仍以政治手段为主寻求问题的解决，但不定期的军事威胁、游击行动和小规模的渗透行动仍会继续。同时，由于在解决西伊里安问题上的沮丧感，以及苏联援助的落实，印尼会增强在该问题上的军事进攻性。[①]

西伊里安问题的产生有着深刻的历史根源。西伊里安是荷属东印度群岛的一部分，覆盖 15 万平方英里（约 39 万平方千米）的世界上最原始的土地，其中一部分为人类未探索的山脉和沼泽地。70 万原住民中的大多数是半游牧的、仍处于石器时代的巴布亚人。原住民的半数与荷兰政府没有接触。同时，西伊里安的人口还包括约 1.7 万荷兰人，以及来自印尼的 1.8 万华人和一些移

① *FRUS*，1961—1963，Vol. XXIII，pp.318 - 319.

民。西伊里安的居民中约有 1.6 万人在政府或企业工作。西伊里安是一个经济落后和财政赤字地区,在美国介入西伊里安问题的解决之前,荷兰发起了一项经济和教育发展方案,旨在十年内使西伊里安获得半自决权地位。①

印尼与荷兰之间围绕西伊里安问题产生冲突始于1946 年两国之间无果而终的谈判。这次谈判荷兰不顾印尼的抗议,没有把西伊里安问题列入谈判议程,而谈判的失败直接导致了两国敌对关系的产生。1948 年,西伊里安重新被划为印尼的领土,但当 1949 年印尼与荷兰在海牙签署协议、印尼获得独立时,西伊里安的主权问题依然悬而未决——荷兰在 1949 年的圆桌会议上拒绝将西伊里安转交印尼。两国同意在接下来的一年内通过谈判来决定西伊里安的未来地位。后来谈判失败,西伊里安仍然处于荷兰的实际控制之下,荷兰与印尼的关系因此

①　*FRUS*,1961—1963,Vol. XXⅢ,pp.318 - 319.

持续恶化。印尼随后向荷兰直接施加压力,表现为征收荷兰财产,驱逐许多荷兰居民,破坏两国间的外交关系。为了避免西伊里安问题失去解决的余地,双方同意暂时签订协议,规定目前只能维持现状,即荷兰对西伊里安进行控制,直至分歧得到解决,两国同意在协议签署后一年内,由谈判方式来决定西伊里安的"政治地位"。[①] 但显而易见的是,在1950年和1951年进行的谈判中,印尼与荷兰无法解决彼此的分歧。1952年年初,荷兰政府通过宪法修正案将西伊里安列为荷兰王国的一部分,认为荷兰对该地区的主权已经不再受到谈判制约。印尼拒绝接受荷兰的这一行动,并且通过直接与荷兰进行协商的途径以及通过联合国大会决议来尝试说服荷兰重新展开对西伊里安问题的商谈,但两种途径均未成功。[②] 1957年,亚非国家试图使联大通过决议,督促荷兰通过进一步谈

① *FRUS*,1958—1960,Vol. XⅦ,Washington:United States Government Printing Office,1994,p.533.
② *FRUS*,1958—1960,Vol. XⅦ,p.533.

判解决问题。该动议赢得大多数国家支持,但没有达到必要的三分之二的票数。[①]

　　西伊里安问题由此在印尼和荷兰两国国内引发民族主义感情的问题。两国政府出于维护国际声望考虑,都采取了不肯让步的强硬立场。尤其在印尼,西伊里安问题引起了各界对于西方世界极大的负面认知。荷兰与印尼都给出了诸多论据来支持各自的立场。荷兰人认为,他们在道义上有使处于石器时代的巴布亚人进入文明阶段的责任,同时赋予西伊里安的居民半自决权。荷兰人还指出,爪哇人和巴布亚人之间没有任何的种族、文化或宗教联系,把西伊里安交给印尼只会形成另一种殖民主义。印尼方面则认为自身是前荷兰东印度群岛的合法继承人,且印尼是多民族国家,毫无疑问,巴布亚人与印尼人之间的共同点要多于巴布亚人与荷兰人之间的共同点。[②]

---

① 　*FRUS*,1961—1963,Vol. XXⅢ,p.337.
② 　*FRUS*,1958—1960,Vol. XⅦ,p.534.

围绕西伊里安争端所产生的衍生影响远远超出了事件本身。美国方面认为,借此问题苏加诺可以把任何反对他的挑战视为不爱国的行为,并帮助共产主义人士抵消保守的陆军领导人的影响力,同时转移各界对于紧迫的国内问题的关注。[①]　直到苏加诺能够与荷兰方面找到一个满意的解决方案,否则围绕西伊里安产生的争端将强烈地影响印尼的内政外交。在对于西伊里安的主权诉求仍然要依靠苏联的政治支持,且印尼本身从苏联接受大量援助的情况下,苏加诺政府会进一步向社会主义阵营靠近。印尼共会继续拿西伊里安问题作文章,并阻挠通过谈判解决问题的进程。印尼陆军在西伊里安问题上分散精力会削弱其抑制印尼共实力和影响力的努力。美国还认为,接下来的一年印尼的经济并不乐观。最严重的问题是通货膨胀和外汇储备下降带来的压力。但美国也认为,苏加诺并不会寻求国内经济问题的解决办法,相

---

① *FRUS*,1961—1963,Vol. XXⅢ,p.337.

反,持续的经济衰退会让苏加诺在西伊里安问题上采取更加激进的立场。[1]

与西伊里安问题关系比较密切的两个西方国家是澳大利亚和美国。就澳大利亚而言,虽然想维持与印尼之间的亲密和友好的关系,但他们强烈支持荷兰的立场,因为澳大利亚认为西伊里安重回印尼将会威胁澳大利亚的军事安全。与澳大利亚不同,从一开始,美国就在西伊里安问题上采取了中立立场。尽管在艾森豪威尔政府时期,美国国务卿杜勒斯曾经承诺,在印尼对荷兰发起攻击的情况下将对荷兰人进行某种形式的支持。[2] 但从总体看,艾森豪威尔政府时期的美国在西伊里安问题上实行了不介入政策。美国反对任何试图以武力解决西伊里安问题的处理方式,并多次向印尼与荷兰两国政府重申了这一点。印尼与荷兰两国政府也承诺不使用武力。[3] 然

---

[1]　*FRUS*,1961—1963,Vol. XXIII,pp.555-556.

[2]　*FRUS*,1961—1963,Vol. XXIII,p.337.

[3]　*FRUS*,1961—1963,Vol. XXIII,p.337.

而,1960年10月12日在美国国务卿赫脱的批准下,政策规划室起草了一份文件,该文件对围绕西伊里安问题产生的争端及解决办法进行了详细地分析,由此美国改变了在西伊里安问题上的中立政策——美国政策计划室建议西伊里安由联合国进行托管。[1]

与此同时,荷兰向西伊里安派遣了航空母舰以形成对印尼的威慑;作为回应,印尼对西伊里安进行了军事渗透,与苏联签署了5亿美元的军事援助协定,并发出交战声明。肯尼迪政府认为,在未来6个月内印尼开展大规模军事行动的可能性很小,但到1961年年末,军事实力对比将对印尼有利。因此,肯尼迪政府认为推动西伊里安问题的解决变得比以前更加紧迫。[2]

在正式介入西伊里安问题前,肯尼迪政府对于该问题有以下看法:第一,国际社会大多数国家越来越不愿意支持白人殖民国家对非白人居住的大规模海外地区进行

---

[1] *FRUS*,1961—1963,Vol. XXⅢ,pp.337 – 338.
[2] *FRUS*,1961—1963,Vol. XXⅢ,p.338.

监管,因此,这种监管必须越来越依赖军事威慑;第二,荷兰不足以在远离本土的海岸维持海上威慑力量;第三,印尼无疑希望通过军事力量上的优势加上政治和外交行动实现其目标,苏联支持下的印尼与荷兰发生军事冲突的可能性正在上升;第四,印尼和荷兰之间的敌对状态对西方来讲是个灾难,其将破坏北约的统一性,会在联合国内外挑起有色人种和白人的对立,也可能使印尼彻底倒向社会主义阵营。①

因此,肯尼迪政府相信最近的事态发展只会巩固荷兰应该从西伊里安撤出的结论。美国认为西伊里安除了交给联合国托管外别无选择,希望印尼和荷兰能够在这点上达成共识。美国不期望澳大利亚会欢迎托管方案,但希望澳大利亚能够跟随美国的步伐。在肯尼迪政府看来,荷兰有较大可能同意托管方案,因为他们的目标是让原住民取得半自决权。而让印尼同意托管方案比较困

①  *FRUS*,1961—1963,Vol. XXⅢ,p.338.

难,因为印尼认为托管方案只能是个过渡,最终的目标是让西伊里安的主权重归印尼。[①] 马来西亚作为在地理、语言和种族方面与印尼最接近的国家,是最有可能让印尼接受的托管人;这点荷兰也不会反对。[②] 肯尼迪政府认为,如果这样的托管方案不能解决问题,则可以回到原来的联合国直接进行托管的方案。[③]

可以看出,肯尼迪政府在西伊里安问题上的最初政策,在一定程度上对印尼是有利的,联合国托管方案虽然不符合苏加诺政府的意愿,但至少会剥夺荷兰对于西伊里安的控制权。后来随着事态的进展,肯尼迪的政策目标变为让西伊里安主权重回印尼,联合国托管只是过渡阶段。但是在西伊里安问题上支持苏加诺政府的政策提议受到美国国内诸多方面的批评和反对。国务院欧洲事务办公室对荷兰持同情态度,认为应该告知苏加诺政府

---

① *FRUS*,1961—1963,Vol. XXⅢ,pp.338 - 339.
② *FRUS*,1961—1963,Vol. XXⅢ,p.339.
③ *FRUS*,1961—1963,Vol. XXⅢ,p.339.

印尼以武力方式解决西伊里安问题不可接受。① 国务卿腊斯克(Dean Rusk)赞同苏加诺与肯尼迪之间须建立更加亲密的关系,但不同意荷兰放手让西伊里安主权重回印尼。② 中情局则准备了一份强烈的反苏加诺政府草案。③ 与此相对应,美国政府内部倾向于与苏加诺政府合作的官员也立场鲜明,总统国家安全事务特别助理罗伯特·柯默尔(Robert W. Komer)、国务院政策规划室主任沃尔特·罗思托(Walt W. Rostow)等官员表达了他们关于印尼和美国之间关系的理解,他们接纳了智库的部分建议,认为美国对印尼的外交政策需要改变。④

　　1961 年 4 月上旬,国务卿腊斯克建议肯尼迪在西伊里安问题上支持联合国托管方案。柯默尔则认为该方案并不可取,因为西伊里安问题的实质在于西伊里安主权

① 　*FRUS*,1961—1963, Vol. XXⅢ, pp.310 - 311.
② 　*FRUS*,1961—1963, Vol. XXⅢ, pp.311 - 312.
③ 　*FRUS*,1961—1963, Vol. XXⅢ, pp.328 - 333.
④ 　*FRUS*,1961—1963, Vol. XXⅢ, pp.326 - 327, 333, 335 - 336.

回归印尼，腊斯克的建议与西伊里问题的实质背道而驰。当肯尼迪会见荷兰外交部部长约瑟夫·伦斯（Joseph Luns）时，肯尼迪对于托管方案也持怀疑态度；腊斯克在会谈中对于伦斯持同情立场，认为联合国托管下的半自治方案是最好的解决办法；白宫幕僚中支持印尼的相关人员对于腊斯克的建议颇感不悦，认为腊斯克的解决方案只会带来一场重大的"西伊里安危机"。[①]

1961年4月下旬，苏加诺访问美国，国务院和白宫官员按照各自的理解为肯尼迪准备了处理印尼和美国关系的方案材料。肯尼迪在与苏加诺会面的过程中发现西伊里安问题是苏加诺主要关心的议题，当肯尼迪提起以托管方案解决西伊里安问题时，苏加诺回答："我们想借联合国机制来使西伊里安领土回归印尼。"[②]

---

[①] *FRUS*，1961—1963，Vol. XXⅢ，pp.326 - 327，363，364 - 368.
[②] *FRUS*，1961—1963，Vol. XXⅢ，pp.326 - 327，333，383 - 390.

图 1-1  1961 年苏加诺访问美国,从左至右依次为苏加诺、美国
国务卿迪恩·腊斯克和美国副总统林登·约翰逊。
资料来源:John F. Kennedy Presidential Library and Museum

　　会谈结束后,国务院和白宫联合寻求西伊里安问题
的解决办法以避免局部战事的发生,问题的关键在于从
荷兰的利益诉求和印尼的利益诉求中找到平衡点。美国
国务院建议荷兰和印尼采取开放的思维解决问题,荷兰

　　　　　　　　　　　美国与印尼"九三零"事件

图 1-2 1961 年苏加诺访问美国,肯尼迪与苏加诺站在白宫的北入口处。

资料来源:John F. Kennedy Presidential Library and Museum

和印尼之间应该保持秘密的双边联系渠道。[1] 1961 年 6 月,在与荷兰方面进行磋商后,美国国务院认为只能通过联合国框架解决西伊里安问题。[2] 但印尼方面认为,通

---

[1] *FRUS*,1961—1963,Vol. XXⅢ,pp.326 - 327,398.

[2] *FRUS*,1961—1963,Vol. XXⅢ,pp.326 - 327,408 - 411.

过联合国使西伊里安问题国际化的最终目的是要保证印尼对西伊里安拥有控制权,印尼担心荷兰会利用联合国机制拖延或阻挠问题的解决。美国国内,腊斯克担心美国政府对荷兰逼得太紧,认为这是美国不应有的做法;白宫方面支持印尼的人员则认为荷兰方面受到的压力还不够,荷兰不转变在西伊里安问题上的基本立场最终将促使印尼采取武力方式解决问题。在同年秋天召开的联合国大会上,因没有获得三分之二的多数票,西伊里安问题被搁置。苏加诺认为美国在联合国大会上的做法是在中立主义立场上的进一步倒退。

1961年12月1日,总统国家安全事务助理麦克乔治·邦迪(McGeorge Bundy)表明其支持印尼的立场。邦迪告诉肯尼迪,腊斯克的方案带有个人偏见,如果继续腊斯克的方案,印尼与美国之间的关系将会进一步恶化,这只会让印尼共得利。邦迪的建议得到肯尼迪的重视,美国政府在西伊里安问题上开始由中立立场转向支持印

美国与印尼"九三零"事件

尼的立场。① 作为政策转向的结果,美国鼓励荷兰和印尼开始双边会谈,并建议联合国秘书长吴丹(U Thant)作为中间调停人。② 但荷兰和印尼双方各执己见,荷兰认为西伊里安的半自决权应作为会谈的前提条件,而印尼坚持西伊里安的行政权交还印尼是会谈的前提条件。③ 为了摆脱僵局,肯尼迪派其弟弟——美国司法部长罗伯特·肯尼迪(Robert F. Kennedy)——出访荷兰和印尼,推动双边协商。罗伯特·肯尼迪建议苏加诺于会谈中不应附带前提条件,并向苏加诺保证会谈的结果会使印尼满意。在感知苏加诺答应了他的要求后,罗伯特·肯尼迪认为可以运用美国的影响力来促使荷兰转变立场。④ 在同荷兰方面进行磋商前,国务院和白宫联合起草了一份电报作为罗伯特·肯尼迪商谈的指导性原则。国务院和白宫方面授权罗伯特·肯尼迪可以同意美

① *FRUS*,1961—1963,Vol. XXIII,pp.474 - 478.
② *FRUS*,1961—1963,Vol. XXIII,p.450.
③ *FRUS*,1961—1963,Vol. XXIII,pp.511 - 513.
④ *FRUS*,1961—1963,Vol. XXIII,pp.523 - 526.

国作为印尼和荷兰磋商的中间调停者,但荷兰必须把将西伊里安的行政权归还印尼这一项加入会谈议题。[①] 荷兰方面对于罗伯特·肯尼迪的要求十分震惊,认为美国人提出的条件是让荷兰人投降。但在罗伯特·肯尼迪离开海牙一天后,荷兰外长伦斯软化了他的立场。[②]

1962年3月下旬,荷兰和印尼双方在美国弗吉尼亚州的米德尔堡开始就西伊里安问题进行谈判。经过5个月激烈地讨价还价后,双方最终达成协议,协议规定:从1962年8月到1963年4月底,西伊里安由联合国委派的行政长官全权管理;从1963年5月1日开始,联合国将西伊里安的行政权转交印尼;1969年年底之前,在联合国的主持下,让西伊里安的巴布亚人自行决定西伊里安是否留在印尼。

---

① *FRUS*,1961—1963,Vol. XXIII,pp.539-542.
② *FRUS*,1961—1963,Vol. XXIII,pp.544-545.

## 第二节　约翰逊政府的"低姿态政策"

肯尼迪政府对印尼的外交政策由于肯尼迪遭到暗杀而中止。约翰逊政府上台后,对肯尼迪政府的印尼政策做出了进一步调整,采取了"低姿态政策"(Low-posture Policy)。约翰逊政府大幅削减对印尼的所有公开援助项目的额度,撤出肯尼迪时期派遣至印尼的和平队(Peace Corps),转向以隐蔽行动为主要内容的对印尼政策。值得注意的是,不论是在艾森豪威尔政府时期、肯尼迪政府时期还是约翰逊政府时期,美国政府都非常重视发展与印尼陆军的关系。美国政府始终认为,印尼陆军是美国唯一可以借以打击印尼共、阻止印尼倒向社会主义阵营的最可靠的政治力量。在给予印尼陆军援助的事宜上,艾森豪威尔政府、肯尼迪政府和约翰逊政府都采取了积极主动的态度。约翰逊政府虽然在"九三零"事件发生前以官方形式对外宣布终止对印尼的一切援助,但对于印尼陆军的援助还是以隐蔽方式持续地进行。

## 一、 有限援助政策

约翰逊政府对于印尼的政策总体上有两个目标：一是改变印尼对于马来西亚的对抗性、进攻性政策；二是使印尼的长期发展趋势符合美国国家利益。约翰逊政府在上台后的较长一段时间内认为，美国对于印尼的援助项目对于实现上述两个目标是至关重要的。在过去这些年中，美国通过援助项目维系了印尼和美国之间的政府沟通渠道，同时也使美国政府对苏加诺政府形成了可见的影响力，这种影响力最重要的目标在于阻止印尼脱离西方世界。虽然苏加诺政府并没有放弃对马来西亚的对抗性政策，但美国的影响力阻止了两国之间关系的进一步恶化，同时能够促使印尼与马来西亚、菲律宾协商寻求和平解决之道。[①] 但印尼与美国之间的关系发展与约翰逊政府的设想并不相符，苏加诺政府对于约翰逊政府起伏

① *FRUS*，1964—1968，Vol. XXVI，Washington：United States Government Printing Office，2000，pp.117 - 118.

不定、表里不一的政策行为的负面认识不断增加,而约翰逊政府也认为苏加诺政府的政策行为越来越偏离美国的国家利益取向,这导致两国关系进一步恶化。

## (一) 有限援助政策的提出

1964年1月伊始,美国总统林登·约翰逊(Lyndon B. Johnson)与美国国防部长麦克纳马拉(Robert Strange McNamara)就印尼援助事宜进行沟通。约翰逊表示,在苏加诺极力挑起与马来西亚争端且对马来西亚采取军事进攻行动的情况下,美国国会对于政府继续向印尼进行援助表示强烈反对。在这种情况下,如果他自身表态继续向印尼施加援助,则面临被国会弹劾的风险。麦克纳马拉对约翰逊的观点表示赞同,并表示他会马上与国务院沟通对印尼的援助事宜。[1] 在经过会商后,国务卿腊斯克向美国驻印尼大使馆做出指示:约翰逊政府对于印尼的援助事宜正在进行高层会商,新的援助指令

---

① *FRUS*,1964—1968,Vol. XXVI,pp.1-2.

在几天内会下达。腊斯克表示,印尼政府最近对于马来西亚的军事行动使美国政府正在考虑是否要终止援助,增加援助份额或是承担新的义务的可能性则不存在;大使馆方面应尽量敦促苏加诺矫正对马来西亚的政策,毕竟缓和目前紧张氛围的主动权在印尼政府手里。腊斯克指示大使馆在与印尼方面接触时,可以明确表示:(1)只要印尼仍然支持马来西亚北婆罗洲(North Borneo)的叛乱行为,同时印尼在北婆罗洲的军事行动不停止,那么美国国会就不可能通过对于印尼的援助方案;(2)美国政府方面想要看到的不仅仅是印尼政府的表面性工作,而是真心实意地愿意与邻国和平相处的意愿;(3)美国政府尊重印尼撇开马来西亚自主发展经济的权利,但对于印尼挑起的军事争端坚决反对。[①] 此外,腊斯克指示大使馆方面明确告知苏加诺政府,后者近几个月的行为已经使印尼与美国的关系处于危机爆发的临界点。[②] 从中

---

① *FRUS*,1964—1968,Vol. XXVI,p.2.
② *FRUS*,1964—1968,Vol. XXVI,pp.2-3.

美国与印尼"九三零"事件

可以看出,约翰逊政府把对印尼的援助与印尼对马来西亚的政策直接挂钩,希望借此改变印尼对马来西亚的军事侵犯行为。

1964 年 1 月 6 日,约翰逊致信菲律宾总统马卡帕加尔(Diosdado Pangan Macapagal),希望马卡帕加尔在即将进行的与苏加诺的会面中,能够协助解决印尼和马来西亚之间的问题。一方面,约翰逊在信中表示,美国从一开始就希望印尼成为自由和繁荣的国家,印尼能够在没有外来干涉的环境下自主决定命运,且与邻国和"自由世界"之间保持良好的关系。近年来,美国积极帮助印尼争取民族独立,帮助印尼解决了西伊里安问题,同时向印尼提供了各式各样的援助,旨在帮助印尼民众作为自由的人民掌握自己的命运。约翰逊认为苏加诺和印尼民众应能够感知到美国的诚意。[①] 另一方面,约翰逊对于近来印尼和马来西亚之间日益升级的冲突深感忧虑,约

① *FRUS*,1964—1968,Vol. XXVI,pp.3 - 4.

翰逊认为苏加诺政府的行为将在东南亚地区引发灾难性的后果。同时,印尼游击队对于马来西亚卡拉巴干(Kalabakan)发起的进攻行为和在北婆罗洲挑起的叛乱行为会引起不可逆的后果。在这种环境下,美国国会和公众极力反对任何对于印尼的援助。约翰逊赞赏马卡帕加尔在协调马来西亚、印尼和菲律宾之间关系的能力和声望,指出马卡帕加尔此前提出的马菲印多(MAPHILINDO,即 Malaysia,Philippines,Indonesia 的相关字母组合)概念非常具有想象力,希望其在此次与苏加诺的会面中协调目前印尼和马来西亚之间的紧张关系。① 次日,该信件被送至马卡帕加尔手中,马卡帕加尔在看完信后与美方代表进行了"轻松和有用"的交谈,表示愿意为协调印尼与马来西亚之间的关系做出努力。②

　　白宫方面认为,就约翰逊政府与苏加诺政府的关系来讲,如果印尼与马来西亚的关系到了无法回转的地步,

---

① *FRUS*,1964—1968,Vol. XXVI,p.4.

② *FRUS*,1964—1968,Vol. XXVI,p.3.

美国与印尼"九三零"事件

美国政府可以从以下几个方面钳制苏加诺政府:一是警告苏加诺政府,如果印尼对马来西亚采取直接的军事袭击行为,美国将在联合国框架下组织力量对苏加诺政府予以回应;二是美国政府将停止新的援助项目的谈判,终止新的已经制订的援助计划,而这些援助对于稳定印尼的经济形势至关重要;三是裁撤所有的武器和弹药援助项目,终止与游击队有关的印尼军官的培训项目。[①]

经过商讨后,约翰逊向国务院、国防部和国际发展局(Agency for International Development)做出指示,根据印尼、马来西亚和菲律宾三方在曼谷的商谈结果,以及亚洲领导人峰会的情况,在对印尼的援助事宜方面暂时不作正式的书面决定,对于印尼的民事和军事援助根据实际情况适时调整。[②] 此时,约翰逊政府在对印尼的援助事宜上采取了非常务实的态度,约翰逊顶住了来自国会的压力,没有应国会的要求搞"一刀切"终止所有援助。

---

① *FRUS*,1964—1968,Vol. XXVI,p.5.
② *FRUS*,1964—1968,Vol. XXVI,p.57.

事实证明,从维护美国国家利益的角度来讲,约翰逊政府的处理方法是有效的。

在约翰逊与马卡帕加尔开展沟通的同时,国务卿腊斯克向约翰逊陈述了关于美国对印尼援助后续计划的分析和看法。国务院认为,基于印尼对马来西亚所持有的鲜明且富有进攻性的立场,总统在关于美国对印尼援助的事宜上应该做出未雨绸缪的分析和决定。国务院认为印尼在与马来西亚关系的处理上具有两面性:一方面,虽然苏加诺会避免公开的战争,但他的反马来西亚且致力于粉碎马来西亚的立场是公开的,而且苏加诺公开支持马来西亚北婆罗洲的游击队叛乱行为;另一方面,印尼政府也在持续地和泰国及菲律宾政府展开联系,寻求通过谈判解决分歧,这其中包括苏加诺和马卡帕加尔将在1964年1月上中旬会面。① 综合这两方面的情况,国务院认为印尼和马来西亚之间的关系处理还留有空间,这

① *FRUS*,1964—1968,Vol. XXVI,p.5.

也为美国对印尼实施有限援助提供了前提。

国务院反对在约翰逊政府对印尼的援助政策还没有明确前,完全切断对印尼的援助。如果完全切断援助,一方面不会对苏加诺政府的政策和行为造成影响,另一方面却会破坏泰国和菲律宾寻求协商解决印尼和马来西亚之间分歧的努力。同时,终止所有的援助只会使印尼完全脱离西方阵营,美国在印尼的石油投资和其他私人投资都将面临巨大的安全风险,[①]苏加诺政府极有可能侵占美国在印尼的 5 亿美元的石油资产,而如需联合国做出一定的回应行动,美国必然被牵涉其中。[②] 反之,如果对印尼实施有限援助,其优点包括:(1) 保护美国在印尼的商业投资利益,对印尼进行援助是美国在印尼维系和扩大影响力的重要政策工具,如在与印尼达成的石油协议中,美国对于印尼的援助就带来了可见的政策效

---

① *FRUS*,1964—1968,Vol. XXVI,pp.118 - 119.
② *FRUS*,1964—1968,Vol. XXVI,p.6.

果;①(2)继续支持印尼国内的反共力量;(3)维系美国对于印尼国家发展的影响力,只要美国在印尼有力量存在,美国就可以等待扩大影响力的机会窗口;(4)使美国政府避免承担与印尼关系完全破裂的责任。②

同时,国务院方面也意识到有限援助方案还存在若干不足,主要表现为:首先,对印尼施加有限援助需要应对来自国内的批评,毕竟美国国会和美国民众缺乏对于有限援助必要性和外交细节的理解和掌握。其次,美国政府继续向印尼施加援助的行为会遭受来自英国和马来西亚的批评。在英国和马来西亚看来,美国对于印尼的援助不论数量大小,但只要有援助存在,就会增进苏加诺政府的力量。最后,印尼部分人士会认为美国政府对于印尼的政策立场不坚定,对于印尼之于马来西亚的政策不敢全面地进行限制和约束。③ 但无

---

① *FRUS*,1964—1968,Vol. XXVI,p.5.

② *FRUS*,1964—1968,Vol. XXVI,p.6.

③ *FRUS*,1964—1968,Vol. XXVI,p.6.

论如何,国务院的建议为约翰逊政府找到了处理与印尼关系的折中办法。

(二) 有限援助内容的确定

在有限援助方案得到白宫方面的默许后,国务院主张对印尼的所有援助和贸易加以严格管控,将削减援助作为约束印尼国家行为的有力手段。

在援助额度方面,国务院给出了三方面的具体建议:第一,在民事援助方面,主要包括民事行动项目中给予印尼民间组织、警察、政府官员等的援助和疟疾防治援助。1963 年此方面的援助额度为 1960 万美元,国务院主张 1964 年的援助额度由原先规划的 2940 万美元降至 1290 万美元。第二,在军事援助项目方面,主要包括通信设备和军事训练的援助。1963 年此方面的援助额度为 1660 万美元,国务院主张 1964 年的援助额度由原先规划的 1640 万美元降至 210 万美元。第三,在稳定印尼经济局势的贷款方面,1963 年的实际贷款额为 5320 万美元,1964 年的规划额度为 8580 万美元,国务院主张终止此项援助。①

在以下考虑下,约翰逊政府认为可以向印尼方面提供的援助包括:40000 吨大米;每月 107.5 万美元的技术援助、民事行动项目和疟疾防治援助;每月 17.5 万美元的训练援助。约翰逊政府需要延迟的援助项目包括:价值 3660 万美元的三年期援助项目;新达成的 10 万吨大米的援助计划;价值 1000 万美元的用于锡矿开发的贷款。② 在军事援助项目方面,约翰逊政府已经停止向苏加诺政府援助飞机、船只以及所有武器弹药,但对于印尼陆军的卡车、电子设备、各式零部件、制服、轮胎等援助都在继续。此外,国务院方面已经警示洛克希德公司:国务院方面不会再批准向印尼出口 C - 130 运输机的出口许可,也不会再批准向印尼出口飞机相关零部件的出口许可。③

---

① *FRUS*,1964—1968,Vol. XXVI,p.6.
② *FRUS*,1964—1968,Vol. XXVI,p.7.
③ *FRUS*,1964—1968,Vol. XXVI,pp.7 - 8.

从援助实施的实际情况看，约翰逊政府对印尼的民事援助项目限制在技术援助领域，包括政府官员的培训和咨询建议服务、疟疾防治援助、警察训练和装备支援。军事援助项目限制在那些不会增强印尼军事进攻能力的项目上，主要集中在指挥、物流和管理等培训项目，不包括突击、突围、空降、反叛乱、降落伞打包、战事中加油和登陆等项目。武器弹药的援助已经终止，同时约翰逊政府终止了所有有助于印尼在与马来西亚对抗过程中取得优势地位的援助项目。从总额度看，1964年削减后的美国对印尼的民事援助项目大约为1000万美元，其中90%的民事援助项目用于培训和疟疾防治；军事援助项目大约为190万美元，所有的军事援助项目都用于培训。

约翰逊政府认为，美国继续对印尼进行有限的援助对于美国对印尼外交政策目标的达成和国家利益的实现都是至关重要的。例如，到1964年6月，在美国接受培训的印尼人包括490名民事技术员、170名军事人员，其中包括 50 名规划民事行动项目的军官,这些人在后来印尼的领导层中扮演了重要角色。同时,在印尼各机构工作的美国工作人员能够接触到众多的印尼各界人士。约翰逊政府认为,美国政府对印尼各方面人士实施的培训为美国塑造印尼警察和军队中的未来领导层提供了机会;对于印尼防治疟疾方面的援助惠及 7000 万印尼人口,这有利于保护美国在印尼的投资安全,以及展示美国政府对印尼民众的关心。[①] 美国国务卿腊斯克继续向总统约翰逊建议对印尼施以有限制的援助,但坚持不能就继续援助事宜发表公开的声明。

## 二、 印马关系的"协调者"

在 1961—1965 年,印尼与马来西亚关系的主基调是敌对和冲突。1961 年 5 月,马来亚联合邦首相东姑阿都拉曼(Tunku Abdul Rahman)提出的建立由马来亚联合

---

① *FRUS*,1964—1968,Vol. XXVI,p.118.

邦、新加坡、砂拉越（Sarawak）、文莱（Brunei）和北婆罗洲组成的马来西亚联邦的倡议成为印尼和马来西亚之间关系逐步趋紧的导火索。1963年9月，印尼与马来西亚的冲突对抗走向完全的敌对化。

在苏加诺政府看来，马来西亚联邦是新殖民主义的新形式。如苏加诺政府认为，成立马来西亚联邦的目的之一是英国欲在二战后维系其在东南亚地区的政治和经济影响力。当赶走欧洲殖民者、获得国家独立后，苏加诺选择的立场基点是没有外部干涉的"纯粹独立"，国家的内外政策可以自己做主。苏加诺政府对于马来西亚联邦的对抗性政策不仅仅是针对马来西亚，同时也是针对英国和美国的。苏加诺政府认为，英国不能够再对马来西亚、荷兰不能够再对印尼的国内外事务指手画脚，其他西方国家（尤其是美国）不应该再干涉第三世界的事务。与此相对应，第三世界的国家应该能够在内外决策中独立自主。

印尼国内形势和政治格局变化也是促使苏加诺政府

在 1963 年与马来西亚的对抗完全白热化的重要原因。[①]
1962 年西伊里安问题的成功解决为苏加诺政府在道义和威望方面加分,苏加诺政府希望在其他的领土争端中再获得国家利益。与此同时,从一定程度上讲,围绕西伊里安问题产生的争端增加了印尼的经济负担;在 20 世纪 60 年代初印尼经济状况极不理想的情况下,印尼国内社会问题也是层出不穷。与马来西亚对抗中所点燃的民族主义情绪可以转移印尼民众对于国内矛盾和问题的注意力,巩固苏加诺的威信。[②]

印尼共在苏加诺政府对马来西亚采取对抗性政策的过程中起到了重要驱动作用。当苏加诺允许印尼共作为重要政治力量在印尼生存和发展后,苏加诺政府的力量变得更加强大,也使苏加诺政府的内政外交政策变得更

---

① Donald Hindley, "Indonesia's Confrontation with Malaysia: A Search for Motives", *Asian Survey*, Vol. Ⅳ, No. 6, June 1964, pp. 904 – 913.

② Justus M. van der Kroef, "Indonesia's Economic Difficulties", *International Journal*, Vol. ⅩⅦ, 1962, p. 399.

美国与印尼"九三零"事件

加靠近社会主义阵营。印尼共是印尼国内第一个反对马来西亚联邦倡议的政党。事实上,当马来西亚联邦倡议刚提出时,苏加诺政府并没有加以反对;在印尼共谴责马来西亚联邦倡议后,马来西亚问题才成为印尼外交政策中的重要议题。

对此,美国认为,从国土面积、自然资源储量和战略价值而言,印尼是亚洲的一个关键国家;印尼是共产主义致力于覆盖的目标,且印尼本身已经成为东南亚地区形势紧张的源头之一。从 1963 年 10 月开始,印尼在政治、经济、军事和舆论方面都对马来西亚采取了敌对性政策。[①] 约翰逊政府认为苏加诺政府的所作所为已经对东南亚地区的和平构成严重威胁。

到 1964 年 1 月中旬,由于苏加诺政府对马来西亚的政策没有出现调整迹象,美国政府对于苏加诺政府的目标做了评估:其一,苏加诺政府最大的目标是把北婆罗洲

---

① *FRUS*, 1964—1968, Vol. XXVI, p.117.

从马来西亚分离出来,促使马来西亚出现一个更能与苏加诺政府商谈的政府;其二,苏加诺政府的最小目标是,即使没有把北婆罗洲从马来西亚分离出来,印尼也能够在与马来西亚的冲突中取得压倒性胜利;其三,消除英国在马来西亚和东南亚地区的影响力。[①] 面对印尼的进攻态势,英国重新声明对于马来西亚的防务具有保护性义务。事实上,英国在与苏加诺政府鼓动的叛乱游击队的冲突中遭受损失,为此英国在北婆罗洲地区增加了军事力量,同时要求美国方面承担义务。综合各方面情况看,英国方面正在失去应有的耐心。就澳大利亚政府来讲,其不想与体量较大的邻国印尼起正面冲突,但澳大利亚曾经对保护马来西亚做出过承诺,如果印尼与马来西亚之间的冲突对抗继续升级且英国方面不断增兵,那么澳大利亚很难置身事外。[②]

1964 年 1 月 13 日,美国总统约翰逊指示司法部长

---

① *FRUS*,1964—1968,Vol. XXVI,p.30.
② *FRUS*,1964—1968,Vol. XXVI,pp.30 - 31.

罗伯特·肯尼迪在合适的时间与苏加诺在东京会面。此次会面有两重目的:第一,让印尼方面知晓延续目前对马来西亚的政策的后果;第二,努力使印尼、马来西亚和菲律宾三方坐下来谈判,寻求解决分歧的亚洲方案。依据肯尼迪与苏加诺会面的效果,肯尼迪将决定是否继续马尼拉、吉隆坡和伦敦的行程。① 在肯尼迪和苏加诺的会面中,美方旨在达成以下目标:第一,苏加诺同意放弃军事对抗,或是短期内停火,这是首先要完成的目标,否则马来西亚首相东姑阿都拉曼不可能同意继续进行协商;第二,如果苏加诺放弃军事对抗,那么东姑阿都拉曼同意不给谈判设置前提条件;第三,英国同意上述两项安排,同时削减在北婆罗洲的军事力量。②

　　然而,从 1964 年 1 月到 5 月,印尼和马来西亚之间的矛盾和冲突并没有因为美方的商谈和协调努力而有所缓和。苏加诺依然坚持双轨政策:一方面试图运用军事、

---

① *FRUS*,1964—1968,Vol. XXVI,p.29.
② *FRUS*,1964—1968,Vol. XXVI,p.30.

政治和经济手段彻底粉碎马来西亚;另一方面寻求公开
或是非公开的和平解决冲突的路径。约翰逊政府认为,
印尼游击队依然在对马来西亚的北婆罗洲发起攻击,印
尼的相关人员也依然在马来西亚和新加坡从事恐怖主义
活动。[①]

　　值得注意的是,虽然印尼和马来西亚的对抗关系并
未降温,但在双方的军事冲突前线,1964 年 5 月出现了
以前不曾有过的相对平静。苏加诺、东姑阿都拉曼和马
卡帕加尔三者不设置前提条件坐下来商谈,苏加诺和东
姑阿都拉曼都为缓和双边关系释放了一些积极信号。如
东姑阿都拉曼此前表示,与苏加诺进行谈判的前提是印
尼游击队从马来西亚领土撤出,但东姑阿都拉曼此时明
显放弃了此项要求。苏加诺也表示了在三国领导人峰会
或是三国部长级会议之前撤离部队的意愿,但这不排除
苏加诺有意把撤离部队当成谈判中讨价还价的筹码。[②]

---

① *FRUS*,1964—1968,Vol. ⅩⅩⅥ,p.103.
② *FRUS*,1964—1968,Vol. ⅩⅩⅥ,p.103.

此外,苏加诺为了促使东姑阿都拉曼早一些无条件地参加领导人峰会,在暂停公开的军事行动的同时,有意对马来西亚采取有步骤的隐蔽军事行动,以此对马来西亚形成压力。就美国方面而言,约翰逊政府认为导致这种相对平静局面出现的原因大致有以下几个:一是英国和马来西亚应对印尼攻击行为的军事强度的增加;二是印尼和马来西亚双方从前线自愿撤离若干力量;三是印尼改变了袭扰的战术;四是印尼外交政策有所改变,虽然其对外没有公开承认。[①]

进一步看,印尼之所以在与马来西亚关系的处理上采取一定程度的"收缩"态度,与其内政的发展情况紧密相关。就印尼国内局势来讲,苏加诺政府面临若干严峻的挑战,这些挑战虽然还没有达到威胁苏加诺执政的地步,但是不容小视,对苏加诺政府的对外政策形成掣肘。

一方面,印尼的经济形势进一步恶化而苏加诺政府

---

① *FRUS*,1964—1968,Vol. XXVI,p.103.

应对乏力。(1) 由于无法进口零部件和原材料,印尼的工业产值持续下滑,工业产出不容乐观。[①] 由于与马来西亚的激烈对抗,加之外部援助减少,苏加诺政府只能依靠出口收入筹备进口物资所需资金,而这反过来又加剧了国内生产形势的严峻性。(2) 印尼国家收入的40%左右须用来偿还外部贷款,由于经济形势恶化,印尼在偿还方面因无法履约而产生的失信现象已经发生。(3) 由于自身粮食产量不足,以及没有充足资金用来进口粮食,过去几个月印尼国内面临严重的粮食短缺。虽然这种局面因4月到5月国内粮食的收割而得到缓解,但同年秋天粮食短缺问题重新爆发。面对经济运转的糟糕局面,苏加诺政府并没有拿出有效的应对措施。尽管苏加诺表面上对印尼的经济形势恶化无动于衷,但他对将要面临的挑战是十分清楚的,也知道经济形势将给政治形势带来

---

① 零部件和原材料的缺乏始终是苏加诺时期制约印尼经济发展的一大因素。1962年10月,肯尼迪批准的民事行动项目所包含的紧急经济援助清单中,并未包含国务院原先建议的零部件和原材料项目。

的影响。苏加诺政府相关部门的负责人已经对经济形势感到深切忧虑——虽然还没有发生印尼民众因不满经济形势恶化而爆发的大规模抗议活动,但这种抗议一旦爆发,将真正威胁到苏加诺政府的执政安全。[1]

另一方面,印尼苏拉威西岛的西南部的区域叛乱有蔓延趋势,在苏门答腊也有陆军部队发生叛乱。但是面对叛乱,苏加诺依然能够把印尼陆军和印尼共钳制在政府的框架内,在此情况下,局部叛乱并未对苏加诺政府的执政安全构成威胁。

就约翰逊政府而言,美国驻印尼大使琼斯正竭力抓住每个可能的机会来向苏加诺灌输美方的观点。琼斯的着力点有以下几个:一是印尼需要通过泰国的外交渠道与马来西亚展开外交谈判,而不是通过其富有攻击性的演讲来表达谈判的意愿;二是印尼要列出更加清楚的利益诉求。[2]

---

[1]　*FRUS*,1964—1968,Vol. XXVI,p.105.
[2]　*FRUS*,1964—1968,Vol. XXVI,pp.106 - 107.

1964 年 6 月，印尼总统苏加诺、马来西亚首相东姑阿都拉曼、菲律宾总统马卡帕加尔在东京会面，但三方会谈效果甚微：三方同意成立"亚非调解委员会"（Afro-Asian Conciliation Commission）来协助解决各方之间的分歧，由三国外长商讨协调委员会的成立事宜，在适当时机三国国家领导人再进行会面进行商谈。[①] 苏加诺和东姑阿都拉曼之间的个人关系甚为糟糕，两人在会谈后私下都对对方有诸多指责和抱怨。约翰逊政府认为，马来西亚北婆罗洲的游击队活动强度有上升趋势，应敦促苏加诺和东姑阿都拉曼之间尽快达成协议以降低对抗强度。[②]

## 三、 印美关系的恶化

从 1964 年年中开始，苏加诺政府对于约翰逊政府的负面认知不断增加，这给两国关系的发展带来越来越多

---

① *FRUS*，1964—1968，Vol. XXVI，p.116.
② *FRUS*，1964—1968，Vol. XXVI，p.116.

　　　　　　　　　　美国与印尼"九三零"事件

的不确定性。苏加诺政府允许由印尼共和左翼民族主义人士控制的媒体发起反对美国政府的舆论宣传。同时，在苏加诺政府推行国有化的浪潮下，除了壳牌石油公司，英国的投资正被挤出印尼，美国企业的投资也受到一定的安全威胁。[①] 到1964年年底，印尼已经有针对美国办公设施的暴力破坏活动发生。

1964年12月7日，美国信息局（United States Information Agency）[②]在泗水市（Surabaya）的图书馆遭到示威者破坏。12月9日，美国驻印尼大使琼斯试图去该图书馆查看情况但遭到印尼警察阻止。警察告知琼斯，如果他前往图书馆访问，那么其行为将会激发更大的示威活动。[③] 在返回办公室后，琼斯得知美国信息局的活动已被当地政府中止，对方给出的理由是维护当地的稳

① *FRUS*，1964—1968，Vol. XXVI，pp.105-106.
② 美国信息局是于1953年到1999年存在的机构，它在印尼的活动主要是运用文化、宣传、教育等方面的手段来影响印尼民众的舆论、认知和心理。
③ *FRUS*，1964—1968，Vol. XXVI，p.194.

定和秩序,同时也是对美国相关设施的保护。琼斯向国务院报告他已经向印尼方面表达了急需面见苏加诺的要求。12月11日,琼斯与苏加诺会面,苏加诺表示,他对示威者破坏美国图书馆的行为表示遗憾,称他并不支持这种行为,表示在将来会保护美国的设施。①

12月18日,琼斯向国务院报告称,他计划于周末同苏加诺见面就最近的一系列事件进行坦诚的会谈,以避免美国在印尼无立足之地。琼斯希望能够给苏加诺带去约翰逊的口信,让苏加诺在沃尔特·里德医院(Walter Reed Hospital)看病,并邀请苏加诺于1965年春季访美与约翰逊见面,同时向苏加诺表示美国愿意协助解决印尼与马来西亚之间的冲突问题。② 12月24日,琼斯与苏加诺进行了一个半小时的会谈,充分讨论了印尼与美国之间存在的问题。琼斯带去的约翰逊的口信,尤其是邀请苏加诺访美的内容令苏加诺感到愉悦。同时苏加诺表

---

① *FRUS*,1964—1968,Vol. XXVI,p.194.
② *FRUS*,1964—1968,Vol. XXVI,p.204.

示,希望琼斯大使的任期能够延长两年,因为苏加诺觉得琼斯是美国方面与自身沟通最畅快的人。① 但琼斯与苏加诺之间的私人关系并没有能够阻止苏加诺政府与约翰逊政府关系的进一步恶化。

值得注意的是,琼斯出于修复印美关系的考虑,建议约翰逊邀请苏加诺访美。但总统国家安全事务助理麦克乔治·邦迪并不赞同琼斯的看法,认为约翰逊与苏加诺直接进行会谈并无必要,派遣美国政府高级官员前往马尼拉、吉隆坡和雅加达进行沟通便已经足够。② 1965 年 2 月 24 日,针对苏加诺对于中情局在印尼所进行活动的忧虑,琼斯在与苏加诺的谈话中表示,中情局没有卷入任何反对苏加诺的隐蔽行动。③ 3 月 15 日,副国务卿鲍尔(George Ball)致电邦迪,称印尼正朝着错误的方向快速前进,建议约翰逊关注美国对印尼政策。邦迪建议鲍尔

① *FRUS*,1964—1968,Vol. XXVI,p.204.
② *FRUS*,1964—1968,Vol. XXVI,p.211.
③ *FRUS*,1964—1968,Vol. XXVI,pp.237 - 240.

准备材料,列出政策选项。① 3 月 16 日,琼斯再次回复苏加诺和印尼外长苏班德里奥(Subandrio),称中情局没有进行推翻苏加诺政府或是反印尼的隐蔽行动,虽然苏班德里奥当场表示他没有可靠的证据进行反驳,但是琼斯认为只有约翰逊出面否认才能让苏加诺政府相信自己的话。② 基于约翰逊政府与苏加诺政府日趋糟糕的关系,国务院建议美国政府除了削减美国信息局的活动,必须减少其他在印尼的可见存在,此外,美国政府应该撤出派遣至印尼的和平队,裁撤军事顾问小组,并且考虑撤离美国的外交眷属。③

不难看出,虽然美国政府部分外交人员致力于缓和与苏加诺政府的关系,但基于以下因素的存在,美国和印尼的关系在短期内难以好转。第一,美国方面的相关政

---

① *FRUS*,1964—1968,Vol. XXVI,p.250.
② *FRUS*,1964—1968,Vol. XXVI,pp.237 - 240.
③ *FRUS*,1964—1968,Vol. XXVI,p.211.

美国与印尼"九三零"事件

策行为令苏加诺政府感到极度不满：（1）美国政府对于马来西亚的支持；（2）美国对越南内政的干涉，对南越政府的支持；（3）美国在世界相关区域的政治和军事存在。第二，苏加诺政府的相关行为不符合美国的政策目标，恶化了印尼与美国之间的关系：（1）苏加诺政府加入亚非国家组成的新兴力量阵营（New Emerging Forces），与老阵营（Old Established Forces）对抗，并致力于在对抗中获得关键的地位；（2）苏加诺把西方国家定位和构建为新殖民主义者和帝国主义者，是争取民族独立的新兴的国家的敌人，而美国作为西方国家的领导者，是发展中国家的头号敌人；（3）在美国看来，苏加诺信奉马克思主义，致力于在印尼消除资本主义因素，建立社会主义国家；（4）苏加诺认为民族团结和国家身份的构建比经济发展重要，强调革命主义的浪漫情怀，在对外关系中强调回应民众的情感；（5）苏加诺认为他可以控制国内印尼共的行为分寸，能够把民族团结、宗教和共产主义因素统筹在"纳沙共"(NASAKOM)[①]理念之下;(6)苏加诺相信他有上天赋予的使命,领导印尼实现国家统一和增强国力,由于担心自己的身体状况,他要加速这个进程。[②]

事实上,除了像琼斯等小部分人员外,约翰逊政府大部分官员对美国与印尼的关系持悲观态度,相关部门的预案也是基于一旦美国与印尼关系彻底破裂,美国政府应该如何回应。中情局国家评估委员会主任谢尔曼·肯特(Sherman Kent)认为,美国政府除了需要面对已知的日益增长的苏加诺政府带来的危险,也要面临印尼没有苏加诺后的不确定性所带来的风险。如果在不远的将来苏加诺离开人世,那么印尼将陷入不遵从国际法、经济混乱且与共产主义渐行渐远的局面;然而如果苏加诺继续存在,那么印尼共的权势便会增加。谢尔曼并不相信印尼共会掌权,或是苏加诺会发动战争,但是认为美国情报机构应该做好预案。如果苏加诺在短期内离开人世,那

---

① NASAKOM 是印尼语民族主义、宗教和共产主义的缩写组合。
② *FRUS*,1964—1968,Vol. XXVI,pp.255 - 256.

么接任苏加诺政府的将是陆军和非共产主义力量。当然,印尼共会继续扮演一个重要的角色。这个新政府可能会是继续反美、排外以及成为对和平的威胁。进一步讲,除非印尼的非共产主义力量采取有效和团结的措施,否则印尼共在印尼政治格局中的权势增长趋势将不可扭转。就接下去的时间而言,苏加诺将延续与美国的对抗政策,为此苏加诺有以下几项政治选择:升级与马来西亚之间的冲突,做好与英国及其联邦成员国开战的准备;继续在边境部署大量军队,采取渗透和突袭的方式进行袭扰;继续减少与西方的联系。按照谢尔曼的理解,苏加诺相信美国和西方国家在东南亚将失去立足之地,印尼会从中获益。[①]

　　针对上述情况和问题,美国国家安全委员会建议约翰逊政府在印尼问题上采取"胡萝卜加大棒"政策。国家安全委员会认为,印尼与美国的关系正处于十字路口,苏加诺必须做出正确的选择。一方面,约翰逊可以致信苏

---

① *FRUS*,1964—1968,Vol. ⅩⅩⅥ,pp.219 - 220.

加诺,晓之以理,同时派遣政府高级官员协助解决印尼与马来西亚之间的冲突,此外向印尼许以美国的经济援助。另一方面,美国可以向印尼国内处于中间立场的政府官员和军官传递信息,美国正在给予印尼最后的机会。如果苏加诺政府拒绝美国的立场、原则和条件,美国可以向英国、马来西亚提供军事援助,派遣军事顾问;如果印尼继续对马来西亚采取强硬立场,那么美国会动用海空力量来支持印尼外岛的"独立运动"。

到 1965 年 6 月,美国驻印尼使馆向华盛顿报告称,印尼共正在加强对印尼国内的反共产主义力量的打击程度,民族主义者、穆斯林和其他宗教政治力量遭受重大损失,苏加诺对于军方的控制力正在加强。大使馆提请约翰逊政府注意共产主义力量合法掌权的可能性。[①] 面对形势发展,约翰逊政府详细分析了印尼国内可供美国方面利用的条件要素,认为可以借助陆军、中间派穆斯林政治团体和其他中间派政治力量制衡苏加诺政府和印

---

① *FRUS*,1964—1968,Vol.XXVI,p.267.

尼共。

印尼陆军虽然支持苏加诺政府在马来西亚问题上的立场和政策,但其有自己的想法和利益诉求:其一,只要英国支持马来西亚,印尼在与马来西亚的战争中就不会获胜;其二,战争失败会严重损伤陆军的国内声望,这将反过来加强印尼共的力量;其三,陆军会寻求与马来西亚之间缓和的办法,把军队抽调回国内,以应对印尼共和其他政治力量带来的威胁。[①] 同时,约翰逊政府认为,就印尼的局势而言,如果印尼与马来西亚之间发生战争,那么陆军战败并不符合美国国家利益,但印尼共会乐于见到这种结果。[②]

就中间派力量而言,美国政府认为,这一部分力量在经济政策和其他相关政策方面与苏加诺政府之间存在重大分歧:其一,自 1945 年宣布独立后,印尼经济发展计划被搁浅,苏加诺政府并没有实施具有明显效果的经济发

① *FRUS*,1964—1968,Vol. XXVI,p.256.
② *FRUS*,1964—1968,Vol. XXVI,p.256.

展计划以增加民众福祉,印尼有超过一半的人口依赖自给自足的小农经济,这为印尼国内现行经济政策的反对者所诟病。其二,印尼通货膨胀严重,而且有继续恶化趋势。其三,政府在基础工业、公共设施、内部交通和通信方面占有垄断地位,中间派力量认为需要改变这种状况。其四,中间派力量对于苏加诺提出的"计划指导型"经济有不同意见。1965 年 4 月 11 日,苏加诺在其演讲中指出,"计划指导型"经济包含加速建设社会主义国家的进程,在这种背景下,外来投资面临消失的风险。苏加诺强调,印尼的经济发展目标是不依靠国外力量,尤其是西方国家的力量,印尼需要自力更生地发展本国经济。[①] 对于苏加诺政府推动的"计划指导型"经济,印尼国内的诸多中间派团体也是持反对意见的。

虽然约翰逊政府分析了印尼国内可供美国利用的政治力量,但其也清楚地意识到,由于苏加诺的权势还无法

---

① *FRUS*,1964—1968,Vol. XXVI,p.257.

撼动,只要苏加诺继续执政,苏加诺政府便是印尼与美国关系的主要影响因素。如何继续与苏加诺政府打交道,美国驻印尼特别代表艾尔沃斯·邦克(Ellsworth Bunker)的建议是:第一,基于印尼的重要性和发展潜力,美国政府应寻求在印尼的持续性存在,美国政府的长远性努力应致力于影响印尼的长期发展。第二,应清除美国在印尼的显现目标,以避免成为印尼共的打击目标。第三,在与苏加诺政府打交道时,应该表示美国政府改进关系的善意和友好态度,客观上必须承认印尼政府是双边关系的主导者。邦克认为,鉴于双边关系状况远离双方的满意水平,应该与苏加诺建立起一个对话通道,这种通道一方面是针对苏加诺个人,一方面是针对印尼总统的职位与其展开对话。第四,情况允许的话,美国政府应尽可能扩大与印尼各方的联系,不论这些力量是显性还是隐性的。第五,美国政府应该运用各种渠道,尤其是第三世界的关系网络,来阻断印尼把亚非拉国家转变为反美同盟。① 此外，邦克还就美国驻印尼外交眷属、美国与印尼陆军的关系向约翰逊提供了具体建议：一是美国政府须重视在印尼的外交眷属的安全问题，美国须对外交眷属进入雅加达进行限制。二是美国政府须支持印尼陆军以及陆军司令雅尼（Yani），应该帮助陆军完善通信设施，如果设备不到位，陆军将处于极其不利的地位，在对抗印尼共方面会显得力量不足。②

　　1965 年 8 月，约翰逊政府认为印尼情势的发展变化似乎朝着更加不利于美国国家利益的方向发展，印尼国内关于美国的负面舆论呈增多趋势。苏加诺极力拓展共产主义在印尼的发展空间。苏加诺不是共产党人，但他明显为社会主义的理念所吸引，在印尼推行相关的社会主义政策。印尼民众不断从他们的领导者、新闻媒体、广播和电视中接收到关于美国的信息，这些宣传报道把美国描述为帝国主义国家和一个侵略别国的国家。第三，

---

① *FRUS*，1964—1968，Vol. ⅩⅩⅥ，p.258.
② *FRUS*，1964—1968，Vol. ⅩⅩⅥ，p.259.

虽然目前苏加诺政府没有对美方工作人员的人身安全造成威胁,但未来这种可能性存在。接替琼斯的美国驻印尼大使格林(Marshall Green)认为,有必要撤出印尼大学中的美方工作人员。[①] 到 9 月,美国在印尼面临的局势越来越棘手。泗水市发生的针对美国领馆的暴乱迫使国防部长腊斯克召见印尼驻美国大使,要求印尼对美国人员的生命和财产实施有效保护。印尼外长苏班德里奥向美国驻印尼大使格林保证了上述事宜,但是美国政府对苏班德里奥的表态持怀疑态度。约翰逊政府此时认为,如果印尼与美国的关系破裂,那将是印尼共的一大胜利,但印尼政府会把握住底线;美国政府的总体战略目标是能够把握住印尼局势的长远变化,能够在后苏加诺时代争取主动权。从此后印尼国内政治安全形势的演化看,约翰逊政府的目标定位是比较务实的。

---

① *FRUS*,1964—1968,Vol. XXVI,pp.278 - 279.

## 四、 对印尼共夺权的预估

压制印尼共的力量拓展始终是艾森豪威尔政府、肯尼迪政府和约翰逊政府对印尼政策的核心所在。在约翰逊政府时期,基于印尼和美国双边关系的不断恶化,尤其是从 1965 年下半年开始,约翰逊政府对于印尼共力量的快速增长日益感到不安。美国中情局、国务院、国防部和国家安全委员会共同就印尼共夺权的预期及其影响做了全面评估。从总体看,约翰逊政府对于苏加诺政府与印尼共的关系、印尼共力量的发展趋势持有以下几个方面的观点:

首先,约翰逊政府认为苏加诺是印尼不可撼动的领导者,他的执政将持续到其死亡之日或是病重到不能工作之时。苏加诺在印尼形成了威权型政府,苏加诺政府容许印尼共的影响力与日俱增,但这种影响力还在苏加诺的控制之下。印尼共已经拥有 300 万左右的党员,是印尼国内组织力最强和政治动员能力最强的政党组织。① 在苏加诺的支持下,印尼共及其支持者在印尼中央政府中占据了大量重要岗位,在省级和地方政府也占据诸多要职。不论印尼共对苏加诺的影响力几何,印尼共认为苏加诺的内外政策符合其政党利益。印尼共没有制定国家政策,但会在合适的时间用适当的办法向苏加诺提供其可以接受的建议。从总体看,苏加诺政府的政策会使印尼与亚洲共产主义国家建立更加亲密的关系。②

其次,只要苏加诺执政,印尼共的发展空间就会持续扩大。过去,苏加诺会对印尼共的政治参与行为表示警惕,因为这会促使非共产主义力量的联合。但为了制衡印尼陆军,苏加诺对印尼共的思维、立场发生了改变,对印尼共的力量发展采取了默许和支持的态度。虽然苏加诺仍然是国家领导者,但约翰逊政府认为再过两三年,印

---

① 早在艾森豪威尔政府时期,美国就认为印尼共在组织性、纪律性和统一性方面与印尼其他政党有着重大区别,参见 *FRUS*,1958—1960,Vol. XⅦ,p.572。

② *FRUS*,1964—1968,Vol. XXⅥ,p.289.

尼共极有可能获得足够的影响力,从而把印尼变成共产主义国家。当然,除非苏加诺宣布让权,约翰逊政府不能预测共产党夺权的具体时间。从各方面情况看,苏加诺也不会允许印尼共掌权,但照目前的发展态势,印尼共领导人有可能获得与苏加诺相抗衡的能力,但由于苏加诺的政策符合他们的利益,印尼共不会冒夺权的风险。①

再次,万一苏加诺死亡或是失去工作能力,印尼共夺权的步骤会被放缓。一方面,苏加诺的离世会使印尼存在政治混乱和暴力行为发生的可能性,继任政府可能是由军队和文职官员联合组成的政府。印尼共会是政府中重要的力量,因为陆军不愿冒与印尼共发生内战的危险。另一方面,印尼共一旦失去苏加诺的支持,完全依靠自身的力量,那么他们将觉得自己还没有能力公开挑战陆军。因此,约翰逊政府认为如果苏加诺数月内死亡,印尼共不会尝试夺权。②

---

① *FRUS*,1964—1968,Vol. XXVI,pp.289 - 290.
② *FRUS*,1964—1968,Vol. XXVI,p.290.

第四,苏加诺执政得越久,印尼共越能够在苏加诺死后获得有利的位置。再有两三年的时间,陆军中的反印尼共力量会被削弱,那么当苏加诺离世后,印尼共就有机会掌握国家权力。约翰逊政府不排除有其他可能性,但仍认为到时非共产主义力量必将联合起来与印尼共对抗,甚至爆发暴力冲突。[①] 在约翰逊政府看来,苏加诺正试图把印尼建成社会主义国家,印尼对于美国的敌意超过其他共产主义国家。苏加诺政府的相关政策也损害了西方国家在远东地区的利益,如印尼与马来西亚的冲突及印尼对菲律宾的渗透,苏加诺及其继任者都不会减少这方面的努力。[②]

第五,约翰逊政府认为,像印尼这种人口众多、面积广大、资源丰富、战略位置重要的国家公开倒向共产主义阵营,会对东亚和南亚的其他国家产生重要影响,老挝、泰国和越南的信心则会被削弱。此外,如果印尼变成共

---

① *FRUS*,1964—1968,Vol. XXVI,p.290.
② *FRUS*,1964—1968,Vol. XXVI,p.290.

产主义国家，印度会感到紧张。[1]

最后，由于印尼军事力量薄弱，战略方面存在诸多可攻破之处，印尼共掌权的印尼只会对西方国家在东南亚的存在以及空中航道和海上航道构成象征性的潜在威胁。但马来西亚、菲律宾和澳大利亚对于印尼共掌权将感受到直接威胁，它们极有可能寻求美国和英联邦的军事支持。如果印尼共掌权，马来西亚会对同印尼之间找到满意的冲突解决方案感到绝望。进一步讲，马来西亚方面会预期印尼对马来半岛渗透的加强，而印尼会加强与外部的合作以武装和训练边境的部队。同时，新加坡也会面临来自国内华人的压力，马来西亚和新加坡政府都会因国内的左翼政治和劳动团体颇感压力。[2]

从约翰逊政府的分析中可以看出，在"九三零"事件之前，苏加诺在国内拥有极高的威望。苏加诺是印尼独

---

[1]　*FRUS*，1964—1968，Vol. XXVI，pp.290 - 291.

[2]　*FRUS*，1964—1968，Vol. XXVI，p.291.

立运动的领袖,印度尼西亚共和国第一任总统,第一次亚非会议和不结盟运动的倡导者,在国内享有很高的声誉。苏加诺国父地位的确立主要有两个方面的原因。其一,苏加诺顺应历史发展潮流,坚持反对荷兰殖民统治,缔造了独立自主的印度尼西亚共和国。1926年,大学毕业的苏加诺目睹荷兰殖民者的残暴,感知人民的疾苦,他挺身而出,抛弃工程师的职位,投身争取民族独立的革命洪流之中。荷兰殖民当局于1928年12月下令逮捕苏加诺,苏加诺在殖民者的监牢里受到三年监禁,并于1933年再度被捕。在日本占领期间,苏加诺采取灵活的斗争策略,发起了八月革命,争取民族独立。1945年8月日本无条件投降后,苏加诺召开会议,通过印度尼西亚共和国宪法,并当选共和国总统。[①] 其二,苏加诺高举民族主义旗帜,团结各派力量,共同反对帝国主义。苏加诺根据印尼

---

① 杨慧娟:《浅论苏加诺》,《东南亚纵横》1994年02期。

的具体情况和传统习惯,总结历史上革命失败的教训,创造了能使各派团体反帝的民族主义理论。苏加诺不仅在国内坚持民族团结,争取共和国的统一,而且还号召世界人民团结起来,共同反对帝国主义和霸权主义。在国际上,他实行和平、中立和不结盟的外交政策。1955年,在万隆会议上,苏加诺做了题为"让新的亚洲和新的非洲诞生吧!"的开幕演讲。1961年苏加诺参加了在南斯拉夫召开的不结盟会议,在大会上,他再次号召"新兴的力量"和"自由的正义"的力量,团结起来同"旧有力量"和"旧的统治势力"做斗争。[①]

此外,约翰逊政府还从冷战时东西方对抗的角度对印尼共的发展态势及其夺权后果进行了评估。约翰逊政府认为,从短期看,印尼倒向共产主义会对世界政治产生重要影响,会引起东西方力量对比的变化,会为社会主义

---

① 杨慧娟:《浅论苏加诺》,《东南亚纵横》1994年02期。

压倒资本主义的说法提供新的佐证，从长期看，如果印尼共掌权并能够良好地发展国内经济、改善民生，那么这会对第三世界国家起到样本作用，对于西方国家的力量也是一种打击。①

---

① *FRUS*，1964—1968，Vol. XXVI，p.292.

# II

第二章

# 1965 年之前美国对印尼的隐蔽行动

20 世纪 50 年代,印尼共在印尼政坛中的影响力日益上升,这成为美国政府对印尼外交政策中的一个核心关切。印尼共是当时世界上第三大共产主义政党,加之苏加诺政府允许印尼共作为合法政治力量存在,美国政府对此感到极度的不安和忧虑,印尼共夺取印尼国家政权则是美国政府最不愿意看到的局面。为了阻止印尼倒向共产主义阵营和打击苏加诺政府,除了公开的政策措施外,隐蔽行动成为美国影响印尼国内政治格局发展的重要工具。

## 第一节　艾森豪威尔政府和肯尼迪政府的隐蔽行动

　　艾森豪威尔政府和肯尼迪政府都致力于维系美国政府和印尼陆军之间的密切联系,两者虽然在援助方式上有所区别,但主要目标都是把印尼陆军作为美国影响印尼政治进程的依托点和切入点。艾森豪威尔政府和肯尼迪政府对于印尼陆军的持续性隐蔽援助为约翰逊政府处理与印尼陆军的关系提供了既有条件、思维方式和运作方法。

## 一、艾森豪威尔政府的隐蔽行动

艾森豪威尔政府认为，美国在印尼面临的主要威胁是印尼国内政局不稳、不断扩大的来自社会主义阵营的经济和军事援助、印尼共在将来获得执政权或者是将来的执政团体倾向社会主义阵营。而艾森豪威尔政府尤其要阻止印尼倒向社会主义阵营。艾森豪威尔政府认为，只要不是印尼共执政，那么未来的印尼政府都将倾向于采取"中间路线"的政策，以便能够利用西方阵营和社会主义阵营的平衡使国家利益最大化，并能够同时从两个阵营寻求援助。虽然包括印尼陆军在内的印尼各界对于印尼共的力量增长有担心，但是对于将来非印尼共团体执政的立场依然拥有上述共识。很多印尼领导人对于西方国家的动机抱有怀疑态度,这些领导人基于西方国家的前殖民主义者的形象,对于欧洲国家所持有的对待亚非国家民族运动的立场进行强烈谴责,特别在西伊里安问题上尤其如此。他们认为,对西方国家或是社会主义阵营做出正式的政治承诺将约束印尼的国际行动自由,而区域军事安全协定增加而非减少了国际紧张形势。[①]

艾森豪威尔政府认为印尼这个国家在若干方面具有优势:其一,其与社会主义国家没有共同的边界线;其二,虽然印尼民众的人均现金收入极低,但温和的气候和肥沃的土壤使大规模的饥饿现象在印尼并不多见;其三,自给自足的经济弥补了印尼在商业和金融方面的不足;其四,虽然在爪哇地区存在人口过剩和普遍贫穷的情况,但土地分配的不平等较为少见;其五,西方个人自由和民主政府的观念在印尼农村地区广泛存在,印尼拥有民主协商、集体决策的传统。同时,艾森豪威尔政府认为印尼在

① *FRUS*,1958—1960,Vol. ⅩⅦ,p.571.

应对国内问题时准备不足：其一，荷兰殖民政府阻碍了本地公共服务的发展以及专业技术人员的培养；其二，荷兰经济政策阻碍了印尼企业家阶层的发展；其三，荷兰的政策倾向于保护和强调区域民族差异。①

美国多年来一直向印尼提供技术和经济援助。自1950年开始，美国对于印尼的经济援助达到3.72亿美元左右，其中，技术援助主要集中于专业技术、管理人员的培养，特别强调教育。除了技术援助，美国的援助也涉及农业、公共卫生领域，超过2000名印尼人在国际合作局的主持下接受各种技术培训。②

艾森豪威尔政府把对印尼的短期政策目标定为：通过公开武装攻击、颠覆、经济统治或其他手段，防止共产主义控制印尼或其重要部分。艾森豪威尔政府对印尼的长期政策目标是：建立一个政治上稳定、经济上能够正常运转的国家，对西方国家友好，具有反对共产主义的意愿

① *FRUS*，1958—1960，Vol. XⅧ，pp.571－572.
② *FRUS*，1958—1960，Vol. XⅧ，p.572.

和能力,同时确保社会主义阵营不能利用印尼的人力资源、自然资源和战略位置。为此,艾森豪威尔政府所采用的主要政策是:第一,采取一切可行手段,包括必要时根据宪法程序适当使用美国武装力量,以防止印尼及其重要部分因公开武装攻击、颠覆、经济统治或其他手段而受共产主义控制;与其他国家酌情采取协调行动。第二,尽管目前的印尼政府与社会主义阵营保持外交、贸易和文化关系,并接受社会主义阵营的军事和经济援助,但在争取实现印尼最终成为西方世界支持者的过程中,艾森豪威尔政府接受印尼的中间路线政策;但美国会努力通过印尼同西方国家的联系来平衡印尼同社会主义阵营的关系。第三,通过官方和个人关系,以及印美之间联系的其他渠道,鼓励苏加诺形成美国是印尼的朋友的认识,将这种影响引导到建设性的渠道,并限制和控制他对印尼政治和经济发展影响的有害方面。第四,鼓励印尼叛军和印尼中央政府之间的和解以及非共产主义政治和军事领导人之间以及各政党之间的合作,以促进更有效的非共产主义政治力量的发展。第五，维护和加强美国与印尼警察和军事机构的现有联系，并通过在有限但持续的基础上提供适当的武器、设备和培训，提高维护印尼国内安全和打击印尼共产主义活动的能力。在最大可行的情况下，应扩大对印尼武装人员的培训，并努力遏制来自社会主义国家的培训方案。第六，表现出对印尼经济发展的兴趣和关切，同时避免可能被解释为企图控制或承担印尼经济发展责任的行为。为此，一方面，艾森豪威尔政府鼓励印尼采取以下措施，进一步推动经济发展：完善基本经济财政政策，包括完善政府支出预算，完善政府收入的税收结构和行政体系；控制通货膨胀，逐步消除通胀压力；为私人投资创造有利的气氛；减少腐败；扩大印尼国民的技术、行政和创业技能；促进经济多样化，稳定出口；保持和增加与美国和其他西方国家密切友好的商业关系。另一方面，美国支持符合美国有关贷款政策的国际组织向印尼提供贷款，鼓励其他西方国家继续采取旨在促进印尼经济发展的措施，继续向印尼提供适当的经济和技术援助,继续提供符合美国相关贷款政策的美国经济发展贷款,鼓励印尼通过现代化法律和行政程序改进行政和规划。[1]

艾森豪威尔政府实现上述短期和长期政策目标的主要抓手便是印尼陆军和印尼国内的其他反苏加诺政府、反印尼共的力量。事实上,从1948年起,美国政府便开始对印尼陆军的机动旅提供小规模援助,从1950年起对新成立的空军提供小规模援助。[2] 早在1952—1954年,美国国家安全委员会便开始低调地表达其阻止共产主义力量在印尼扩张、渗透和扩大影响力的意愿,加强了对于印尼政府内部非共产主义力量的支持程度。但在实施上述行动时,美国政府避免显现任何美国干涉印尼内政的迹象,因此,大部分以对于印尼陆军的物资援助和军官训练形式进行,这对于提升美国在印尼的影响力起到了巨

---

[1]  *FRUS*,1958—1960,Vol. XVII,pp.571-572,580-582.

[2]  Rudolph Mrazek,*The United States and the Indonesia Military: 1945—1965*,Prague:Oriental Institute in Academia,1978,p.92.

大的潜在的推动作用。

1953年，美国政府便在印尼国内协助制造区域性危机。1957年3月14日，苏哈托以应对"紧急事态"为由颁布戒严令，从而使军人干政合法化。1953年，美国国家安全委员会采纳了一个政策取向，即以合适的行动，与友好国家合作，阻止共产党对印尼的永久控制。[①] 同年，国家安全委员会171/1号文件拟采取以军事训练为扩大美国影响力的手段。美国中央情报局的最初努力表现为对右翼政党的扶持上，特别是印尼穆斯林社团委员会（Madjelis Sjuro Muslimin Indonesia）和印尼社会党（Partai Sosialis Indonesia）。20世纪50年代中期，中情局在上述两个组织上花费数百万美元；1955年，美国中情局在印尼国内选举中给予印尼穆斯林社团委员会100

---

[①] Peter Dale Scott, "The United States and the Overthrow of Sukarno, 1965—1967", *Pacific Affairs*, Vol. 58, No. 2, Summer 1985, pp.239 - 264.

万美元的资金援助。<sup>①</sup> 此外,1954—1957 年印尼 3 次在联合国大会上递交议案,表达了其同荷兰之间进行关于西伊里安问题谈判的急切意愿,但艾森豪威尔政府和西方国家从中阻挠,使印尼的议案始终未获得三分之二多数票通过,这使苏加诺政府认为,美国和其他西方国家在西伊里安问题上持殖民主义立场。

1956 年,美国国家安全委员会的进展报告(NSC Progress Report)指出,对印尼军方援助的重要性体现于在美国接受训练的 35 名军官中。这 35 名军官有 30 人来自印尼陆军,而在这 30 名军官中,有 4 人在陆军总参谋部身居要职。<sup>②</sup> 印尼外岛叛乱发生后,为了打击苏加诺政府和阻止印尼共力量的壮大,艾森豪威尔政府除了

---

① Jaechun Kim, "U.S. Covert Action in Indonesia in the 1960's: Assessing the Motives and Consequences", *Journal of International and Area Studies*, Vol.9, No.2, December 2002, pp.63 - 85.

② Bryan Evans Ⅲ, "The Influence of the United States Army on the Development of the Indonesia Army(1954—1964)", *Indonesia*, No.47, 1989, pp.25 - 48.

给予叛乱力量军事和物资援助外,还派出作战飞机帮助叛军轰炸印尼政府军的阵地。1957—1958 年,中情局以输送武器和人员的形式支持印尼的区域性反苏加诺政府的叛乱,这些行动以隐蔽方式进行,且中情局的行动受到近海的美国第 7 舰队支持。① 特别值得一提的是,1957年 11 月,艾森豪威尔政府高层批准了针对印尼的一个特别政治行动方案,呼吁维持一个力量,使其发动在苏门答腊和苏拉威西(Celebes)的反苏加诺军事指挥官建立的、反共产主义、支持西方的持不同政见人士运动(Dissident Movement)。该方案后来授权向持不同政见者提供包括空中支援在内的武器和其他军事援助。几个飞行员自愿参加这项工作,表面上他们已经脱离了美国原所在部队,以雇佣兵(Soldiers of Fortune)的身份被持不同政见者雇佣,从而展开了作战任务。1958 年 5 月 18 日,其中一

---

① Joseph B. Smith, *Portrait of a Cold Warrior*, New York:Putnam, 1976, p. 205; Thomas Powers, *The Man Who Kept the Secrets*, New York:Knopf, 1979, p. 89.

名飞行员艾伦·劳伦斯·普伯（Allen Lawrence Pope）驾驶的轰炸机在对苏拉威西的安汶岛（Ambon）进行轰炸时被高射炮击落，并被俘虏。1959年12月，普伯因支持印尼的敌对武装在印尼军事法庭接受审判。他于1960年4月29日被定罪并被判处死刑。军事上诉法庭于1960年12月维持了这一决定。普伯后向印尼最高法院提出上诉。在询问和审判过程中，普伯坚称自己自愿为不同政见者执行飞行任务，他相信这样做可以帮助打击共产主义；他的行为没有受到美国政府的影响。然而，苏加诺政府现在已经清楚地知道，持不同政见人士运动受到美国政府的支持和鼓励，飞行员被俘事件被苏加诺政府视为艾森豪威尔政府试图颠覆自身政权的有力证据。①

1958年年中，在中情局扶持的反苏加诺政府的外岛叛乱失败后，美国政府对于印尼的军事援助迅速上升，援

---

① *FRUS*，1961—1963，Vol. XXIII，pp.323 - 324.

助形式主要以"标志性军事援助项目"(Token Military Aid Program)进行,接受方为印尼军方,主要是印尼陆军。美国参谋长联席会议备忘录显示此项援助是对于印尼国防部长纳苏蒂安试图抑制共产党力量发展的努力的鼓励。① 艾森豪威尔政府之所以如此支持纳苏蒂安打击印尼共的行为,在于其认为印尼共力量的增长使威胁日增,艾森豪威尔政府对于印尼共力量的发展做出如下几点判断:(1) 如果 1959 年印尼的国家选举如期举行,印尼共极有可能成为印尼第一大党并在内阁中占据诸多席位;(2) 印尼共将继续以合法手段寻求掌控权力的路径,虽然印尼大部分的兵力仍部署在外岛,印尼共在接下来的几年内寻求以武力夺权的可能性不大;(3) 苏加诺对于印尼共力量的日益增长予以关切,美国中情局认为苏加诺会增强国内非共产党的力量来形成政治平衡,如果

---

① Peter Dale Scott, "The United States and the Overthrow of Sukarno, 1965—1967", *Pacific Affairs*, Vol. 58, No. 2, Summer 1985, pp.239 - 264.

苏加诺认为印尼共已经威胁其地位，那么其将动用陆军的力量来推迟选举，但中情局认为这种可能性并不大。[①]在此情况下，艾森豪威尔政府深信印尼陆军是印尼国内唯一能够阻止印尼共掌控国家权力的力量。

除了遏制印尼共力量的增长，还有一个因素促使艾森豪威尔政府加强对印尼陆军的支持——苏联对于印尼的援助迅速增长，这种援助因为美国在外岛叛乱中所执行的政策而更加"名正言顺"。在叛乱中，美国一方面以"立场中立"为借口拒绝对苏加诺政府进行援助，另一方面对叛军加紧军事援助。苏加诺政府认为，美国对叛军的援助对于 1958 年 5 月 18 日印尼海军旗舰的沉没负有责任，同时美国在同一天对安汶岛进行了轰炸。对此，1958 年 5 月 6 日，第一架苏联飞机抵达印尼，标志着印尼空军、海军与苏联军队之间广泛合作关系的开端。[②]

---

① *FRUS*，1958—1960，Vol. ⅩⅦ，pp.258 - 259.

② Bryan Evans Ⅲ，"The Influence of the United States Army on the Development of the Indonesia Army(1954—1964)"，*Indonesia*，No.47，1989，pp.25 - 48.

早在 1958 年 4 月 15 日,琼斯在发往国务院的电报中表示,美国政府应该表现出可见的姿态让印尼陆军感知到美国政府对于支持美国、反对共产主义的高级军官团体的支持。琼斯特别提出了以下建议:一是美国答应印尼方面提出的军事援助要求;二是美国国防部邀请印尼陆军高级军官到五角大楼就援助的细节进行讨论;三是邀请印尼军官到美国陆军指挥和参谋学院接受拓展训练;四是美国向印尼陆军提供降落伞。[①]

　　1958 年 6 月 5 日,美国陆军专员与印尼陆军情报机构负责人苏肯德罗会面,苏肯德罗对之前刚刚参加的美国武器展览印象深刻,并对斯坦普上将(Admiral Felix B. Stump)的热情款待深表感谢。苏肯德罗提及 5 月 27 日其与斯坦普在东京的会面,后者曾表示美国政府已经批准向印尼出口小型武器、飞机零部件、通信设备的出口许可,这些出口物资将以商业交易形式进行,付款与运输

---

①　*FRUS*,1958—1960,Vol. XⅧ,p.112.

通过印尼政府代表和美国私人商业公司的联系来解决。① 6月25日,美国国务院批准了对印尼陆军的额外援助,包括无线电台、传送设备、柴油发电机和无线电设备的干电池,以及为印尼陆军的情报官员提供培训。6月27日,美国国务院和参谋长联席会议共同商讨了印尼的局势及对印尼陆军的援助问题。美国陆军参谋长马克斯韦尔·泰勒(Maxwell D. Taylor)指出,印尼的情势已经有所改善,重要的是马上给予纳苏蒂安物资方面的支持;如果艾森豪威尔总统能够批准700万美元的援助,那么在情况需要时美国能够迅速采取行动。伯克上将(Admiral Arleigh A. Burke)则认为纳苏蒂安已经成为美国唯一的希望,近来纳苏蒂安的地位有所削弱,增强纳苏蒂安的地位是重要的,此外,训练十名印尼情报军官的事情应马上进行。②

---

① *FRUS*,1958—1960,Vol. XVII,p.215.
② *FRUS*,1958—1960,Vol. XVII,pp.230-231.

1958 年 8 月 1 日,美国国务卿约翰・杜勒斯(John Foster Dulles)授权启动标志性军事援助项目,援助项目有两个目的:一是增强印尼陆军的力量;二是显示美国对印尼国内其他反印尼共力量的支持。标志性援助项目所含的主要装备将于同年 11 月底前运达。[①] 8 月 15 日,第一批标志性援助项目的物资通过海运抵达雅加达,苏加诺政府和印尼陆军对于援助的到来都表示欢迎。[②] 9 月初,美国驻印尼大使琼斯致信助理国务卿罗伯逊(Walter S. Robertson),琼斯认为美国政府给予印尼陆军的援助惠及印尼民众,这使印尼民众对于美国的印象大为好转。琼斯举例说,当他的车在路上行进时,民众数次朝他挥手和微笑,骑自行车的青少年甚至哭了。[③] 10 月 15 日,罗伯逊呈交给杜勒斯的备忘录指出,标志性军事援助项目效果显著,为了更好地实现美国在印尼的政策目标,罗伯

①　*FRUS*,1958—1960,Vol. XVII,p.297.
②　*FRUS*,1958—1960,Vol. XVII,p.293.
③　*FRUS*,1958—1960,Vol. XVII,pp.274 - 275.

逊提出如下建议:第一,为印尼陆军提供三架 L-20 联络飞机,为空军提供三架直升机(联络飞机和直升机的援助在 8 月份提出时因荷兰的反对而取消);第二,取消对印尼所有民用飞机的出口许可限制。[①] 11 月 5 日,杜勒斯批准了罗伯逊在 10 月 15 日发来的备忘录中提出的增加援助建议,包括取消对某些物品的出口许可的限制,以及提供更多经济援助的方案;同意向荷兰和澳大利亚通报美国的援助计划,并向他们保证,美国将牢记他们的意见。[②]

美国相关部门和机构促使美国政府对印尼陆军加强援助的努力获得了成功,1959 年 1 月,白宫承认美国工作的关键点在于依靠印尼陆军压制印尼共,为了达成这个目标,给予印尼陆军援助是必要的。至 1960 年,由于西伊里安问题升温,为避免印尼与美国关系在短期内进一步恶化,美国回绝了纳苏蒂安提出的进一步援助要求,

---

① *FRUS*,1958—1960,Vol. XⅧ,p.298.

② *FRUS*,1958—1960,Vol. XⅧ,p.301.

但美国政府认为不同形式的、一定规模的援助仍是需要的。1960年12月19日,美国国家安全委员会的报告称印尼陆军是阻止共产主义在印尼扩张的最关键力量,而这要归功于美国陆军学校对于印尼几百名军官的训练,报告建议应该进一步加强与印尼军队和警察之间的联系。

而在1959年8月11日,美国驻印尼大使琼斯向国务院阐述了一种观点,即印尼政府官员希望美国扩大军事援助。他认为,基于以下几个理由,美国和印尼之间签署军事援助协议是具备可行性的:第一,印尼的经济和金融正处于巨大的麻烦之中,诸如纳苏蒂安等印尼陆军领导人对此深表关切并希望采取有效措施来应对这种局面;第二,印尼国内形成共识,即经济问题的解决既需要强硬措施,也需要外来援助;第三,印尼国内普遍认为,技术援助和经济发展都不足以应对通货膨胀的发展趋势;第四,印尼想得到美国方面更加积极的将对印尼进行长期军事和经济援助的承诺。次日国务院回复表示国务院

　　　　　　　　美国与印尼“九三零”事件

正在认真研究琼斯的建议。①

8月24日,印尼政府通过了一系列货币改革,包括贬值卢比、冻结银行账户、降低政府雇员工资。真正的考验在于政府是否有意愿和能力来制定和实施这些改革规划,以及其他必要措施,以应对严重的通货膨胀。② 到1959年年底,印尼的经济形势持续恶化,政治形势表面平静实则暗流汹涌。苏加诺政府、印尼陆军和印尼共仍然是印尼国内主要的政治力量。苏加诺依然是印尼最有权势的政治人物,他在12月首次以政治名誉作为保证,声明将改进印尼政府。但美国方面认为苏加诺的领导力不足以应对印尼国内的形势要求。纳苏蒂安领导下的印尼陆军在国内政治和国家管理中的影响力较以前大大增强,同时采取了相关步骤来遏制印尼共的活动。印尼共发现其已不能再像以前一样完全获得苏加诺的支持。美国方面认为在接下来的一两年内,印尼国内政治格局不

---

① *FRUS*,1958—1960,Vol. XVII,pp.417 - 418.
② *FRUS*,1958—1960,Vol. XVII,pp.422 - 423.

会发生大的变化,印尼陆军在国家政治和经济生活中依然会拥有强大的影响力,但陆军和印尼共之间的矛盾会不断加剧,同时两者在苏加诺的协调下不会摊牌。印尼几乎肯定会坚持不结盟政策,其与荷兰的关系处于爆发冲突的临界点,但以武力解决西伊里安问题的可能性很小。美国认为,印尼众多的且相互交织的政治、经济、管理和内部安全问题会持续存在并在一定程度上加剧,但这不会导致印尼的崩溃或者分裂。[①] 1960 年 3 月 10 日的第 436 次国家安全委员会会议上,美国国务卿杜勒斯在分析赫鲁晓夫最近一次的亚洲之行时,分析了苏联对于印尼的援助问题,他认为印尼已经接受的来自苏联的援助达到了 2.5 亿美元;显然,赫鲁晓夫在前些年承诺的给予印尼 1.26 亿美元援助的基础上,又给予印尼 4 亿到 5 亿美元的援助。此外,印尼还接收了苏联援助的一艘巡洋舰、潜艇和轰炸机。[②]

---

① *FRUS*,1958—1960,Vol. XⅦ,pp.456 - 457.
② *FRUS*,1958—1960,Vol. XⅦ,p.472.

1960 年 4 月 21 日，美国助理国务卿帕森斯（J. Graham Parsons）向副国务卿狄龙（C. Douglas Dillon）建议，给予在安汶岛的印尼海军有关工程测量的援助。近期印尼借助赫鲁晓夫最近一次访问所给予的援助，将在安汶岛建立海洋科学研究所，帕森斯认为苏联极有可能把建立海洋科学研究所作为向印尼海军提供援助的前期步骤；该研究所可被苏联用于情报活动，而美国对此则无法监视。帕森斯认为，通过帮助修复印尼海军在安汶岛的基地，美国可以密切观察苏联的行动并增强印尼海军对苏联援助的免疫力。①

到 1960 年 5 月，印尼陆军和印尼共之间的冲突加剧，同时经济依然极度不景气引起民众的极大不满，在农村地区尤其如此。经过一年左右的努力后，苏加诺对于国内存在的紧要问题的应对并没有起到多少效果，他采取若干措施试图削弱纳苏蒂安的地位同时增加印尼共的发展

---

① *FRUS*，1958—1960，Vol. XⅦ，p.484.

潜力。越来越多的政治领导人和一部分军事领导人认为，如果国内的经济衰败趋势、政治颓废和印尼共夺权的前景要得到扭转，那么苏加诺的权力必须被削减甚至下台。①

在1960年4月苏加诺出国访问期间，纳苏蒂安正在军方和政界中寻求更为广泛的支持，以期制约苏加诺的权力并压制印尼共的力量。同时，纳苏蒂安也在尝试争取足够的支持从而能够夺权。面对印尼陆军施加的压力，纳苏蒂安可能重组军队。② 5月24日，美国认为至少在接下来的半年内印尼不会使用武力来解决西伊里安问题，印尼更可能通过国际政治压力以及对在西伊里安的巴布亚人和印尼人进行宣传来推动问题的解决。荷兰加强了在西伊里安的防卫，并出动"卡雷尔·多尔曼"号（Karel Doorman）航空母舰进行威慑，这在印尼激起了巨大的民族主义情绪。美国认为，尽管小规模的武装摩擦存在极大的可能性，但不论是印尼还是荷兰都不愿意把这种

① *FRUS*，1958—1960，Vol. ⅩⅦ，p.488.
② *FRUS*，1958—1960，Vol. ⅩⅦ，p.488.

紧张对立升级为武装冲突。荷兰方面的强硬态度对苏加诺和印尼共有力,这可以使苏加诺利用民族主义情绪转移国内矛盾焦点,同时使印尼共得以利用民族主义情绪并成为苏加诺最忠诚的支持者,美国认为这对于印尼陆军试图削弱印尼共在政府内部的影响力是不利的。[1] 艾森豪威尔对于荷兰在处理西伊里安问题上的强硬态度深感不悦,认为这不符合良好的外交行为所包含的要求。[2]

艾森豪威尔政府对于印尼国内反苏加诺力量、反印尼共力量、外岛叛乱中叛军的支持,以及在西伊里安问题上的消极态度,使印尼与美国之间的关系进一步恶化。1959年,苏加诺开始推行"指导下的民主"(Guided Democracy)政策,艾森豪威尔政府认为印尼政府已经日益倒向共产主义阵营。随着苏加诺政府、印尼陆军和印尼共在印尼政治权力格局中形成三足鼎立局面,印尼共成为影响美国对印尼外交政策的核心因素。

---

[1]　*FRUS*,1958—1960,Vol. XⅦ,pp.499 - 500.
[2]　*FRUS*,1958—1960,Vol. XⅦ,pp.506 - 507.

## 二、肯尼迪政府的隐蔽行动

美国政府的诸多部门,尤其是中情局,欲清除苏加诺政府和印尼共力量的考虑由来已久。艾森豪威尔政府在其关于印尼事宜的最后备忘录里显示,对于任何与中苏发展友好关系的印尼政府都须加以反对,继任的肯尼迪政府上台后加紧了对印尼陆军的援助,这种援助主要以民事行动项目、军事援助计划项目和紧急经济援助项目进行。

1961 年 1 月,琼斯向腊斯克指出美国需要重新审视对于印尼的援助政策和行动方案,这是因为自印尼从荷兰的殖民统治中解放出来后,印尼共第一次严重威胁了美国的利益。美国在印尼的经济、军事和心理项目早先效果明显,但目前已经不能保证美国最小目标的达成。为此,美国在技术援助项目、教育交流方面应拥有更大的灵活性,能够让印尼尽可能自如地使用发展基金。[①] 同

---

① *FRUS*,1961—1963,Vol. XXⅢ,pp.302‐304.

年 10 月,参谋长联席会议在给国防部长麦克纳马拉的备忘录中也指出,不论是阻止印尼共夺取国家权力的短期目标,还是使印尼成为在政治和经济方面都对西方稳定友好的国家的长期目标,美国政府都没有实现。有证据显示,苏联正在坚定地为把印尼拉入社会主义阵营而努力,苏联不仅在西伊里安问题上支持苏加诺政府,同时也给予了大量的经济和军事援助。相比之下,虽然美国给予印尼的经济援助承诺额与苏联大致相当,但在军事援助方面,苏联给予印尼的军事援助承诺额为 8.4 亿美元,而美国只有 6160 万美元,仅占苏联的十四分之一。[1]

1962 年 9 月 5 日,参谋长联席会议从军事角度重新审视了美国在印尼的行动目标和达成目标的措施,旨在综合运用军事、政治和经济的手段来使印尼社会重新靠向西方。从这个意义上讲,参谋长联席会议认为扩大军事民事行动项目,不论是对美国还是印尼的国家利益都

---

[1] *FRUS*,1961—1963,Vol. XXIII,pp.443 – 444.

会带来长期和短期的正向作用。特别是在西伊里安问题得到和平解决后，印尼必须面对国内经济复苏、解决贫困和维持社会治安的问题。参谋长联席会议认为，军事民事行动项目可以同时达到两个目标：一是可以改善印尼农村地区的经济状况；二是可以培养和强化印尼士兵支持西方的立场。美国军队必须充分把握这样的机会，并尽可能地为民事行动项目提供支持。美国对于印尼的援助项目和计划主要是为了抵消社会主义阵营的影响力和满足印尼内部的安全需求。参谋长联席会议认为，虽然目前援助项目的总体情况可行，但还可以使这些援助与军事、民事行动产生更加直接的联系。美国的军事援助必须能够直接抵消印尼对苏联的依赖。[①]

虽然美国政府各职能部门都对肯尼迪政府对于印尼的援助工作提出了改进建议，但从就任总统开始到 1962 年中期，肯尼迪主要把精力放在了西伊里安问题的解决

---

① *FRUS*，1961—1963，Vol. XXⅢ，pp.629‑630.

上。直到 1962 年 8 月 16 日,肯尼迪才把对印尼的工作重心转到民事行动计划及其他援助事宜上。他在国家安全行动备忘录中指出,西伊里安问题的和平解决呈现出可见的预期,美国应利用这一问题解决的有利契机与印尼建立起更好的关系。肯尼迪认为随着西伊里安问题的解决,印尼会提出一系列的要求。为了抓住这个机会,肯尼迪要求美国政府有关部门和机构重新审视对于印尼的行动项目并提出在将来有用的措施。就肯尼迪自身的主要意向而言,他想扩大民事行动、军事援助和经济发展项目的规模,并指示国务院在接下来的一个月内将各部门的措施和建议整理好提交上来。① 8 月 17 日,参谋长联席会议指出美国对印尼的军事援助计划主要是为了削弱印尼共的影响力和满足内部安全需要,美国可以做很多工作使军事援助与民事行动有着更为直接的关联。② 9 月中旬,美国信息局提出民事行动项目中的关键一环是公共关系

① *FRUS*,1961—1963,Vol. XXIII,p.628.
② *FRUS*,1961—1963,Vol. XXIII,p.629.

项目和心理项目,这些项目的作用是增强印尼军方在民众中的良好印象,信息局将通过杂志、照片和图片等媒介来达到这一目的。同时,信息局提出民事行动项目要聚焦于印尼的男女青年,美国须在印尼建立和平队组织,用于教授英语;信息局支持国务院的教育交流项目,支持美国驻印尼大使馆提出的在印尼建立学术机构的建议。①

　　1962 年 10 月 10 日和 10 月 11 日,就肯尼迪于 8 月 16 日提出的要求,国务院和国家安全委员会分别向总统提交备忘录。按照国务院的观点,对印尼的民事行动项目可以分为紧急经济援助和长期援助两个部分。紧急援助主要包括 6000 万到 7000 万美元的食品和原材料,1700 万的技术援助,聚焦于民事行动和内部安全的“合适”的军事援助计划(Military Assistance Plan)项目,建立和平队以及 1500 万到 2000 万美元的零部件和原材料援助以使印尼启动基础工业。长期援助主要包括通过国

---

① *FRUS*,1961—1963,Vol. XXⅢ,pp.631-632.

际货币基金组织的相关项目来发展印尼经济,美国出面说服其他国家援助印尼以及说服其他西方国家延期印尼的债务。① 国家安全委员会对国务院提出的紧急经济援助项目持支持立场,但对长期援助目标持保留态度,认为长期行动目标现在还难以确定。② 10 月 22 日,肯尼迪批准了国务院所提交的紧急经济援助方案的大部分内容,但没有批准关于向印尼提供零部件和原材料的建议,他也没有批准长期援助目标。③

值得一提的是,肯尼迪政府实施的民事行动项目,其重要的依托平台是美国陆军与印尼陆军之间展开的合作事宜,该合作项目受到印尼陆军高级别将领的鼎力支持。围绕民事行动项目,美国陆军与印尼陆军之间专门成立了特别援助办公室(The Office of Special Assistant),该办公室的主要职责是维系民事行动项目的运作,使其不

① *FRUS*,1961—1963,Vol. XXⅢ,pp.635 – 636.
② *FRUS*,1961—1963,Vol. XXⅢ,pp.643 – 644.
③ *FRUS*,1961—1963,Vol. XXⅢ,p.647.

受美国外交政策调整的影响。[①]

　　事实证明,1963 年肯尼迪遇刺后民事行动项目仍在运作,美国方面和印尼陆军方面在这点上有共同意愿,这是由于民事行动项目已经成为印尼陆军在农村地区拓展群众基础,与印尼共斗争的有力工具。因此,尽管美国国会停止了对印尼的公开援助,但有选择性的援助和技术训练在 1964 年全年持续,只是在数量和层次方面有所削减。即使在 1964 年 8 月苏加诺发表独立日演讲后,印尼陆军依然接收到来自美国的设备和技术援助。[②]

　　民事行动项目最初在西爪哇省实施,后在印尼全国范围内铺开。民事行动项目聚焦于农业技术和相关特别项目的发展,为了使民事行动项目顺利进行,印尼陆军想

---

① 　Bryan Evans Ⅲ, "The Influence of the United States Army on the Development of the Indonesia Army(1954—1964)", *Indonesia*, No.47, 1989, pp.25 - 48.

② 　Bryan Evans Ⅲ, "The Influence of the United States Army on the Development of the Indonesia Army(1954—1964)", *Indonesia*, No.47, 1989, pp.25 - 48.

方设法改进通信条件,修缮道路网等基础设施。美国的援助主要为资金、设备和对印尼军官的训练,大型设备的提供和维修、提供农具和培训人员占据了美国政府向印尼陆军援助的大部分精力,美方在棉兰(Medan)、玛琅(Malang)、茂物(Bogor)和雅加达等地区对印尼相关人员进行相关设备操作的训练。[1] 与民事行动项目相结合,美国政府在美国本土对部分印尼官员进行了训练。据统计,17％到25％的印尼陆军将领曾在美国陆军学校接受过训练[2],这些训练对于增强美国陆军之于印尼陆军的影响力的作用是不言而喻的。

总的看来,肯尼迪政府希望改善与苏加诺政府的关系,这与肯尼迪本人对于美国与印尼关系的认知以及肯

---

[1] Bryan Evans Ⅲ, "The Influence of the United States Army on the Development of the Indonesia Army(1954—1964)", *Indonesia*, No.47, 1989, pp.25 - 48.

[2] Department of Defense, Security Assistance Agency, *Foreign Military Sales*, *Foreign Military Construction Sales and Military Assistance Facts*, September 30, 1986.

尼迪的相关幕僚提供的建议有很大关系。肯尼迪政府致力于改善与苏加诺政府关系的意向，典型地体现在1962年11月2日肯尼迪给苏加诺的信件中。在该信件中，肯尼迪表达了如下几个观点：第一，肯尼迪与美国驻印尼大使琼斯进行了长时间的谈话，表明他本人重视印尼事宜。琼斯向来主张改善美国与印尼之间的关系，肯尼迪也接受了琼斯建议的相关内容，这与约翰逊时期琼斯的主张所受到的待遇完全不同。第二，肯尼迪认为印尼与荷兰在西伊里安问题的解决上采取了成熟和富有想象力的态度，而西伊里安的托管工作也是顺利的，他已经指示美国当局与联合国密切合作，为联合国西伊里安临时执行局提供后勤支援。就西伊里安问题来讲，应该说肯尼迪政府的介入迫使荷兰方面做出让步，是该问题得以解决的关键。第三，肯尼迪表示向印尼派遣和平队的准备工作正在进行中，肯尼迪认为和平队可以为印尼的持续发展做出真正的贡献，而返回美国的和平队可以带回印尼的知识和文化。第四，除了印尼经济发展事宜外，肯尼迪希望两国政府能够在东南亚事务上进行更广泛的合作。[①]


## 第二节　约翰逊政府的隐蔽行动


从 1958 年开始,中情局在削弱苏加诺政府的执政基础方面便不遗余力,其中,舆论宣传是中情局进行隐蔽行动的有力工具。从 20 世纪 50 年代初开始,美国政府便以美国信息局为依托开展文化渗透项目和心理行动(Psychological Operations)。到了 20 世纪 60 年代,印尼成为二战后美国信息局在海外活动力度最大的国家之一。中情局文化项目的目的是遏制相关国家内反美国的敌对性意识形态的发展,在政治精英和普通民众中构建支持美国的世界观和价值体系。美国信息局在中情局的帮助下,成功渗透到印尼各地的新闻媒体中;美国信息局

---

① 　*FRUS*,1961—1963,Vol. XXⅢ,pp.648 - 649.

监视着印尼新闻媒体的报道动向,对支持美国的新闻媒体予以直接的资金支持。与在印尼新闻媒体行业中投入的精力相比,美国信息局在拉拢印尼陆军高级军官上投入了更多的资源。1965 年,文化渗透项目和心理行动项目的强度进一步加强。在翁东政变发生前的 15 天,美国驻印尼大使格林呼吁美国政府增加文化渗透项目和心理行动项目的强度。

根据中情局前官员拉尔夫·麦吉(Ralph McGhee)的证词,翁东政变前及政变后美国政府在印尼投资甚巨,极力促使印尼陆军采取行动。麦吉指出,1965 年,中情局印发了指导美国在印尼实施隐蔽行动的一本小册子,而这本小册子现在已经被完全销毁;中情局在这本小册子中指出,中情局在印尼的隐蔽行动是极其成功的,在印尼的做法可以推广到其他国家。[①]

约翰逊政府与印尼陆军的关系是围绕印尼"九三零"

---

① Ralph McGhee, *Deadly Deceits*: *My 25 Years in the CIA*, New York: Sheridan Square, 1983, p.58.

事件的一个关键要素所在。当苏哈托决心推翻苏加诺政权时,约翰逊政府方面提供了关键性的设备,如无线电联络设备和吉普车。客观上讲,约翰逊政府在一开始并不十分地信任苏哈托,怕苏哈托成为另一个苏加诺。一份名为"隐蔽行动预期"的中情局备忘录显示,约翰逊政府千方百计地鼓动陆军领导者推翻苏加诺,在印尼建立军政权。中情局认为,印尼政府里存在与美方理念一致的人,美方应与这些人合作,充分发挥他们受限制的潜力。[1] 在1965年10月29日国务院发给美国驻印尼大使格林的电报中,腊斯克明确提到约翰逊政府会支持印尼陆军领导人建立军政府。[2]

虽然没有直接的证据显示约翰逊政府直接主导了翁东政变的发生,但基于政变发生前约翰逊政府与印尼陆军右翼领导者、军官之间长时间的紧密联系,美国的支持是印尼陆军在翁东政变后致力于推翻苏加诺政权的深层

---

[1]　*FRUS*,1964—1968,Vol. XXVI,p.162.

[2]　*FRUS*,1964—1968,Vol. XXVI,p.342.

次动因。在苏哈托领导的军人集团与苏加诺政府的角力中，美国虽然没有直接站在台前，但美国政府在幕后的隐蔽行动为反苏加诺力量提供了具有可见效果的支持。此外，印尼陆军在翁东政变后采取的军事行动只是印尼陆军和美国政府致力于推翻苏加诺政府长期工作的一部分，从逻辑上可以这样说，"九三零"事件的发生是美国以隐蔽行动方式在经济、政治、民众心理、军事和局部军事冲突方面对印尼反苏加诺政府力量进行扶持的结果。

约翰逊政府上台后执行的是反苏加诺政府的政策。与削减对苏加诺政府的援助相对应，美国政府对于印尼陆军的援助持续上升，同时美国政府也试图运用政治、舆论、情报和军事方面的隐蔽手段来削弱苏加诺政府的执政基础。

## 一、 隐蔽行动方案的确立

约翰逊政府反苏加诺政府的政策倾向在 1963 年 12 月约翰逊政府扣押对印尼的经济援助中得到明显体现，

而这种援助在肯尼迪政府时期只是常规性援助。这次扣留事件暗示1963—1965年印尼经济萧条的重要原因之一是美国政府的政策改变。事实上,这种手法与中情局参与推翻智利阿连德政府所用的手法类似,这也就不难理解为何在"九三零"事件发生前的一段时间内印尼经济领域发生货币流通等问题。1965年6月30号至10月1号,印尼大米的价格涨了四倍,黑市的美元价格则火箭般攀升。①

与智利的情况类似,1962—1965年美国逐步削减了对于苏加诺政府的经济援助,同时对于印尼陆军的军事援助则在上升。1964年3月,苏加诺对于美国削减经济援助而增加军事援助的做法强烈谴责,这导致美国国会审批通过对印尼援助的方案变得艰难。相关议员表示无法理解美国为何要武装在经济方面国有化美国资产的国家,而这个国家同时从苏联获取巨额援助并与马来西亚

---

① Peter Dale Scott, "The United States and the Overthrow of Sukarno, 1965—1967", *Pacific Affairs*, Vol. 58, No. 2, Summer 1985, pp. 239 - 264.

对抗。

在谈及更多的美国秘密军事援助之前,有必要对1963—1965 年美国与印尼的关系发生的变化进行小结。在对印尼的经济援助进行削减的同时,美国政府的军事援助流向陆军。作为 1957 年军事法的结果,加上 1963年美国与印尼之间石油协议的影响,美国石油公司的款项也重点付给印尼陆军。美国在印尼的两大石油公司,美孚真空石油公司(Standard Vacuum)和加德士石油公司(Caltex)把大部分的款项交付给印尼陆军的石油公司珀尔米纳公司(Permina),这家公司由苏哈托的同盟苏托沃(Ibnu Sutowo)将军掌控;另外一家公司——珀尔他敏公司(Pertamin)——则由反印尼共和亲美的印尼第三副总理萨乐(Chaerul Saleh)掌控。在苏哈托推翻苏加诺政府后,《财富》杂志指出珀尔米纳公司给印尼陆军提供了重要的资金支持。①

① Peter Dale Scott, "The United States and the Overthrow of Sukarno, 1965—1967", *Pacific Affairs*, Vol. 58, No. 2, Summer 1985, pp. 239 - 264.

与此同时,美国内部在是否需要全面削减对印尼援助这一问题上产生了分歧,支持和反对全面削减援助的阵营分别给出了充足的理由。支持全面削减援助的阵营认为,苏加诺在美国政界显然已经是一个极度不受欢迎的人物,国会对于苏加诺的厌恶之情尤其明显,典型地表现在 1963 年 12 月生效的《对外援助法》修正案上。该修正案客观上要求,如果印尼不停止对马来西亚的"对抗"行为,约翰逊政府须做出停止对印尼进行援助的决定。①大幅度削减对印尼的援助可以让苏加诺知晓对马来西亚采取冲突立场的后果,也可以让约翰逊本人免去继续对印尼进行较大援助所带来的麻烦。与此相对应,反对全面削减援助的阵营认为,是否对印尼进行援助与美国政府是否喜欢苏加诺没有关系,早先制订的援助项目的相关计划之所以存在,是因为他们"对于美国的国家利益至关重要",是为了在未来的某一天使美国能够在这个处于

———————————

① *FRUS*,1964—1968,Vol. XXVI,p.16.

重要战略位置、资源丰富的人口大国取得足够的影响力。虽然美国政府与苏加诺政府存在重大分歧，但这也不是一天两天的事情，同时，美国对于印尼的这种"援助投资"是很小的，而将来的回报却很高。如果此时贸然切断援助，必将引起苏加诺极大的反应，会对美国在印尼的私人投资利益造成极大的损害，也会把印尼拱手让给社会主义阵营。[①] 由于没有一方的意见能够占据上风，对印尼是否继续进行援助、怎样援助的问题最终只能由约翰逊本人决定。然而，约翰逊本人在对印尼的援助项目问题上犹豫不定，这时，国务院的建议显然对约翰逊起到了重要影响。1964 年 1 月 7 日，美国国家安全委员会会议专门讨论了对印尼的援助事宜，国会要求约翰逊立刻签署切断对印尼援助的文件，但腊斯克在会议上坚持反对完全切断援助的立场，并表示总统不能马上做出完全切断援助的决定，马上做出决定并不符合当前的实际。[②] 同

---

① *FRUS*，1964—1968，Vol. ⅩⅩⅥ，pp.13 - 14.
② *FRUS*，1964—1968，Vol. ⅩⅩⅥ，p.18.

一天,腊斯克建议约翰逊采取一种谨慎选择援助项目的有限援助方案,因为从总体上看,继续进行援助符合美国国家利益。[①] 国家安全事务助理麦克乔治·邦迪则担心腊斯克的意见会恶化约翰逊和国会的关系,倾向于建议总统照顾国会的情绪。1月9日,邦迪告知约翰逊他并不认为印尼的事情到了一个非常紧急的地步,约翰逊并没有同意邦迪的观点,坚持让罗伯特·肯尼迪尽快会见苏加诺。[②]

邦迪指出,马来西亚不是西伊里安,苏加诺政府坚持目前的政策会对印尼和美国之间的关系造成灾难性的后果。美国国内对于苏加诺政府做法的负面反应已经非常强烈,在苏加诺政府没有改变其既有的政策之前,约翰逊很难再维持这么多年来与印尼建立的合作项目。新通过的《对外援助法》修正案明确了只有满足了下列条件,约翰逊政府才能继续对印尼实施正常的援助:苏加诺能够

---

① *FRUS*,1964—1968,Vol. XXVI,pp.14, 16.

② *FRUS*,1964—1968,Vol. XXVI,p.25.

在会面中向罗伯特·肯尼迪保证,印尼将改变现有的军事对抗政策,至少要同意停火谈判;印尼不能对马来西亚领土实施军事攻击行为或军事渗透行为。经过美国政府内部各部门的角力,约翰逊最终采纳了国务院提出的进行有限援助的政策,这种有限援助政策从实质上讲为约翰逊政府对印尼的隐蔽行动打下了基础。

从1964年夏天开始,美国的相关部门、单位或人员(部门、单位和人员的名称未解密)便与国务院一起,形成一种隐蔽行动的理念和实践框架,来支持印尼的中间派政治力量以抗衡印尼共日益增长的影响力。该行动项目得到国务院负责远东事务的助理国务卿和美国驻印尼大使的配合。该行动项目的目的是减少印尼共对印尼内政外交的影响,增强非共产主义的力量。为达成目标,美国政府确定的政策选项是:(1)把印尼共渲染成富有野心的危险政党,该政党反对苏加诺的理论;(2)对于能够反对印尼共的个人、组织进行隐蔽援助;(3)培养和扶植潜在的领导者,当苏加诺死亡或是出局后能够掌控印尼政权。行动项目旨在达成的具体目标是强调印尼民众传统的对于共产主义的不信任感和把印尼共渲染为社会主义阵营的代理人。[①] 具体措施包括与反共产主义力量秘密联系和接触，反面的书面宣传，反面的广播报道，以及对印尼现有政治组织和制度的政治渗透。该行动项目需要特定的资金支持，但资金的数量和来源渠道并未解密。在该行动框架提出时，部分资金已经流入相关人员和组织手中。[②] 但约翰逊政府也清楚该行动要冒一定的风险，主要表现为：一，苏加诺如果知晓该行动项目的存在，且认为该行动项目会削弱自身的权力，会对印尼和美国之间的关系造成进一步的破坏；二，印尼共如果知晓该行动项目的存在，则其会对印尼的相关反印尼共力量和领导人员进行打击。[③]

美国国家安全委员会下属 303 委员会批准了上述隐

① *FRUS*，1964—1968，Vol. XXVI，pp.234 – 237.
② *FRUS*，1964—1968，Vol. XXVI，pp.234 – 237.
③ *FRUS*，1964—1968，Vol. XXVI，pp.234 – 237.

蔽行动计划。中情局的一位人员认为,拥有 1.05 亿人口的印尼倒向共产主义阵营会使美国在越南取得的胜利毫无意义。可以利用该行动计划阻止美国被挤出印尼,但美国国家安全事务助理邦迪则认为,印尼问题是政治问题,光靠隐蔽行动无法解决。

1964 年 7 月 6 日,根据美国国务院、国防部和国际发展局的建议,约翰逊总统决定终止所有对于印尼的公开援助。国务院和国防部认为,停止公开援助的同时通过隐蔽行动进行有限的经济和军事项目的援助对于维护美国国家利益是重要的,约翰逊赞同这一观点。国务院和国防部会就隐蔽援助项目不定期地向约翰逊报告。[①] 7 月 14 日,美国驻印尼大使琼斯与苏加诺进行会谈,琼斯向苏加诺转达了美国政府的要求;苏加诺则对美国政府提出的要求极度不满,对所有的美方提法表示反对。琼斯承认此次会谈是极其令人沮丧的。[②] 到 7 月下旬,

---

① *FRUS*,1964—1968,Vol. XXVI,p.119.
② *FRUS*,1964—1968,Vol. XXVI,p.122.

约翰逊政府认为,由于苏加诺依然牢牢地掌握着印尼政府,短期内苏加诺改变对外政策的希望十分渺茫;约翰逊政府同时认为,苏加诺一方面继续加强印尼共力量,而另一方面却努力削减印尼陆军的力量。[①] 这些政策和行为均与美国国家利益不相符合。

1964 年 8 月 17 日,苏加诺在其独立日演讲中确认印尼在内政外交方面会加速向社会主义阵营靠近。苏加诺的演讲使印尼国内的反美情绪进一步高涨。苏加诺在演讲中指出,所有的非亚洲国家都应该离开亚洲,并对美国在越南的战争行为进行了最强烈的谴责;在演讲中,苏加诺还谴责马来西亚是帝国主义的看门狗和宠物。就印尼和美国的关系而言,苏加诺表示,虽然有充足的证据表明美国政府对印尼充满敌意,他还是尽全力与美国保持友好关系;但对印尼而言,美国支持马来西亚过甚,从政府的角度讲,美国想与印尼和马来西亚同时保持友好关

---

①   *FRUS*,1964—1968,Vol. XXVI,p.124.

系是不可能的。苏加诺同时指出美国文化并非世界意识形态的中心标准,他强烈批评美国通过图书馆、电影和其他舆论宣传方式对印尼民众进行的文化渗透。在外来投资方面,苏加诺宣称帝国主义的资本在印尼没有生存的土壤,要彻底驱逐在印尼的帝国主义资本,将逐步对美国资产进行国有化,并将英国的商业投资完全国有化,至于补偿则视英国在印尼与马来西亚冲突中的立场而定。①由于苏加诺在演讲中反美情绪浓厚,美国方面对此甚感忧虑。

独立日演讲后不久,苏加诺政府承认北越政府,这使印尼和美国之间的关系变得更加糟糕。国务院和国防部建议约翰逊进一步管控对于印尼的援助项目。1964 年 9 月 2 日,美国国家安全事务助理邦迪建议约翰逊接见美国驻印尼大使琼斯,这是因为如果苏加诺能够更加清楚地意识到琼斯的立场和观点即代表约翰逊立场和观点,

---

① *FRUS*,1964—1968,Vol. XXVI,pp.134 – 135.

那么琼斯对于苏加诺就更有影响力。[①] 同时,为了压制苏加诺政府对马来西亚采取的更具进攻性的行为,美国政府与英国政府积极沟通,探讨如何联合起来对苏加诺政府施加更大压力。9月11日,苏加诺告诉琼斯他愿意通过和平渠道解决与马来西亚的纷争,如果举行另外一个峰会对于缓解紧张局势有用,苏加诺表示他愿意参加。[②] 9月15日,印尼外长苏班德里奥告知琼斯,印尼不会升级与马来西亚的冲突,除非英国率先采取行动,否则印尼不会采取进一步的军事行动。[③]

1964年9月18日,美国中情局正式提出对印尼实施隐蔽行动的建议。在与国务院的会商中,中情局认为提出隐蔽行动基于以下几点理由:第一,在过去几个月印尼和美国之间的关系日趋紧张。印尼指责美方单方面撤除援助项目、通过塔尔修正案(Tower Amendment)以及

---

① *FRUS*,1964—1968,Vol. XXVI,p.150.
② *FRUS*,1964—1968,Vol. XXVI,p.157.
③ *FRUS*,1964—1968,Vol. XXVI,p.158.

美国与马来西亚之间发表联合声明以示美国支持马来西亚的立场。1964 年 8 月 17 日,苏加诺公开宣称美国是亚洲的头号敌人,印尼坚决站在社会主义阵营一边。[1]

第二,隐蔽行动的目标是在苏加诺政府内部和印尼的政治发展中取得主动权。中情局指出,隐蔽行动分为两个方面:一是拉拢非共产主义和反共产主义的团体和组织;二是鼓动对印尼共采取行动,其中小规模的袭扰具备操作的可行性。同时,可以制造一起事件,让苏加诺在民众面前显得其易受压力和外界的敏感性影响。中情局认为,当下印尼的右翼力量缺乏与印尼共战斗的主动性,印尼共对于苏加诺的个人影响和对印尼民众的舆论宣传取得了明显的效果。中情局认为,有必要向苏加诺展示印尼国内反印尼共力量的存在。[2]

第三,美国目前对印尼采取的政策总体上是建设性和具有前瞻性的,以经济手段影响印尼的经济社会发展

---

① *FRUS*,1964—1968,Vol. XXVI,p.161.
② *FRUS*,1964—1968,Vol. XXVI,p.162.

进程取得了可见的效果。面对印尼国内左翼力量的不断增长，加之苏加诺对于印尼共的支持，美国需要进一步等待时机来消除共产主义在印尼的影响。美国采取的隐蔽行动要掌握好合理的力度和尺度，其中重要的一点是要扶持潜在的领导人。对于印尼共可以采取一定的袭击行动，但范围不能扩展至苏加诺身上。[①]

在美国中情局积极谋划对印尼实施隐蔽行动方案的同时，印尼第一次出现了反共产主义的民众运动，运动的主要目的是抑制印尼共在政府内部以及在国家经济社会发展中的影响力。运动的参与者和支持者自称为"苏加诺主义者"，他们认为印尼共力量的扩大背离了苏加诺主义。1964 年 9 月 17 日至 11 月 5 日，苏加诺出国访问，雅加达出现了攻击印尼共的媒体言论，印尼共对此予以反击。苏加诺回国后，媒体上对印尼共的攻击开始消散，苏加诺政府查封了一家"苏加诺主义者"发行的报纸，但苏加

---

① *FRUS*，1964—1968，Vol. XXVI，p.163.

诺政府并没有施加其他的针对反印尼共力量的措施。"苏加诺主义者"感知到这一点,企图重新组织力量进行活动。

反印尼共力量的领导者是亚当·马利克(Adam Malik),马利克曾担任印尼驻苏联大使。主要组织者还包括第三副总理查厄鲁·萨乐和印尼发展部部长。马利克和萨乐等人之所以发起反印尼共运动,是因为在苏加诺的领导下,印尼与社会主义国家的关系愈发密切,苏加诺本人也支持印尼共力量的发展,这引起马利克和萨乐的不满。马利克和萨乐的立场是中间偏右,他们维护的是苏加诺早期倡导的"苏加诺主义",而在其看来现实中苏加诺本人和印尼共倡导的理念已经与"苏加诺主义"逐渐相背离。

1964 年 11 月 19 日,马利克告诉美国驻印尼大使琼斯,他领导的反印尼共运动得到了印尼唯一合法的穆斯林政党伊斯兰教师联合会(简称"伊联")(Nahdatul Ulama)的支持,伊联是印尼的右翼政党;同时,马利克称他们的行动得到政府内部和其他政党底层工作人员以及部分新闻媒体、青年学生团体、非共产主义劳工团体的支持。马利克认为，反印尼共的力量应分散存在，以避免受到不必要的打击。同时，"苏加诺主义者"也积极与美国驻印尼大使馆取得联系，希望美国大使馆方面能够促使英国与印尼或者印尼与马来西亚之间展开对话。"苏加诺主义者"认为，除非马来西亚问题得到和平解决，否则在反马来西亚氛围十分浓厚的情况下，反印尼共力量势必无生存空间。[1]

根据印尼当时的国内政治情势，苏加诺对于国内政治发展有着较为牢固的主导权，反印尼共力量能否存在和发展取决于苏加诺对这股力量作用的认知。事实证明，苏加诺在此时犯了一个战略性错误，他认为，虽然印尼共力量有存在的必要，但印尼共的最主要功能是制衡陆军的工具，从根本上讲，印尼共的力量不能过度强大；从当时的情况看，印尼共力量的发展势头过快，这并非他

---

[1]　*FRUS*，1964—1968，Vol. XXVI，pp.189 - 191.

所乐见，"苏加诺主义者"的立场虽然不完全符合他的心意，但他们支持"苏加诺主义"的口号可以接受；同时苏加诺认为，"苏加诺主义者"可以用来制衡印尼共力量，至于这股力量中的哪些人可用，哪些人不可用，他可以先观察一段时间，再作处理。值得注意的是，苏加诺对新生的反印尼共力量采取了宽容态度，除了出于制衡印尼共的考量，还在于苏加诺抱有一些脱离实际的想法，即他可以利用反印尼共力量与马来西亚之间展开新的对话，同时从西方得到经济援助。事实证明，苏加诺政府没有及时压制"苏加诺主义者"等反印尼共力量，所带来的弊端远大于收益，以马利克为代表的反印尼共力量的增长对印尼陆军推翻苏加诺政府起到了推波助澜的作用。

## 二、 政策路径及隐蔽行动的功能

到1964年年底，约翰逊政府与苏加诺政府之间的关系持续恶化。印尼共和其他印尼左翼力量上升的速度超出美国的想象和接受范围，这导致美国重新评估对印尼的政策,并出台新的方案。

1964 年 12 月 11 日,约翰逊政府与苏加诺政府各派代表专门讨论了美国与印尼之间的问题。美方的参与者是美国驻印尼代表唐纳德·图桑(Donald R. Toussaint),印尼方面的参加者是印尼副总理兼外长苏班德里奥和印尼驻美国大使柴林·查恩(Zairin Zain)。首先,双方讨论了苏加诺的健康问题。苏班德里奥告知美方,根据苏加诺数月前在维也纳做的 X 光检查,苏加诺的右肾得了结石,左肾同样受到疾病的影响。美方认为苏加诺的健康情况渐趋悲观。①

其次,双方讨论了美国与印尼之间的关系现状。(1) 美方指出,美国与印尼的关系在最近一段时间内出现了困难,早前印尼雅加达和泗水的游行示威活动对美国的财产造成了较为严重的损害,印尼方面对此表示歉意并表示愿意赔偿,对此美方在会谈中表示理解;美方表示印尼

---

① *FRUS*,1964—1968, Vol. XXVI, pp.196 - 197.

不应再发生此类事件以继续损害美国与印尼之间的关系,苏班德里奥则表示希望印尼在美国的财产不要受到报复性的对待。(2)印尼方面表示,美国和印尼双方必须承认双边关系处于一个很低的水平,但苏班德里奥表示他相信可以阻止双边关系的进一步恶化,苏班德里奥进一步指出,印尼民众强烈要求清除所有美国在印尼的情报、媒体和信息措施,但苏加诺对此表示反对;美方则表示双边关系不是仅靠一方的行为就能决定的,美国与印尼之间的关系向何方发展,取决于双方接下来的进一步互动行为。①

再次,双方讨论了马来西亚问题。印尼方面认为,印尼与马来西亚之间寻找冲突的解决之道具备可能,但找出立竿见影的解决方案则显得不务实。苏班德里奥指出,相比于 6 个月前,目前关于马来西亚问题的政治气候有所好转,这是因为英国政府换届后新任政府比上一届

---

① *FRUS*,1964—1968,Vol. XXⅥ,pp.196 - 197.

政府更希望找出马来西亚问题的解决方案。苏班德里奥表示,他希望与英国新任外交大臣帕切科·沃克(Patrick Gordon Walker)会面以寻求马来西亚问题的解决办法,他同时表示寻求与沃克会面是他此次纽约之行的目的之一。美方则强调,除非印尼停止对马来西亚领土的军事进攻行为,否则英国和马来西亚都认为不可能通过政治渠道解决问题。美方希望苏加诺提供一个停火期,印尼方面称停火的前提是各方都真心希望寻求解决之道,苏班德里奥表示马来西亚应该停止对印尼展开的名为"马来西亚之声"的广播活动。[①] 在会谈中,美方表示琼斯大使已因个人原因提出辞职,图桑希望早日告知印尼政府继任者人选。[②]

此次美国和印尼双方的会谈并未在改善双边关系方面起到作用。基于对美国与印尼之间关系状况恶化的忧虑,美国驻印尼大使琼斯向国务院报告,他打算尽快去拜访苏加诺,与之进行坦诚的交流以避免美国在印尼彻底

---

① *FRUS*,1964—1968,Vol. ⅩⅩⅥ,pp.196-197.
② *FRUS*,1964—1968,Vol. ⅩⅩⅥ,pp.196-197.

失去影响力。为达成目标,琼斯希望约翰逊能够带给苏加诺口信,主要内容包括:一是让苏加诺到沃尔特·里德医院治病;二是1965年春邀请苏加诺到华盛顿进行工作访问;三是美国愿意协助解决马来西亚问题。美国国务院回复美国驻印尼大使馆,指示大使馆方面向苏加诺转达约翰逊的两点考虑:(1)约翰逊总统非常关心苏加诺总统的健康状况。约翰逊向苏加诺致以最良好的祝福,希望其能够尽快恢复健康,不致让身体状况影响苏加诺领导印尼人民的事业。如果苏加诺和他的医生觉得有必要,约翰逊会派医生到印尼帮助诊疗。(2)约翰逊对美国与印尼之间的双边关系深感关切,希望扭转过去数月来双边关系的发展方向。约翰逊得知苏加诺正在考虑出席1965年春天纽约世博会的事情,其认为,如果条件允许,这将是友好地讨论和解决双边关系中存在问题的大好机会。有鉴于此,约翰逊将非常乐意邀请苏加诺赴华盛顿进行非正式会谈。①

---

① *FRUS*,1964—1968,Vol. XXVI,pp.204-206.

　　　　　　　　　　　美国与印尼"九三零"事件

1965 年 1 月,琼斯再次向国务院发电报阐述关于美国与印尼关系如何处理的观点,他认为,基于双边关系的持续恶化,约翰逊邀请苏加诺到华盛顿进行访问是必要的。约翰逊的国家安全事务助理邦迪认为琼斯的判断并不具备说服力,目前的状况并不需要总统层面的会晤,另派高级官员前往印尼即可。与此同时,美国国家安全委员会的相关官员也与邦迪持同样的态度,他们认为,情势并不像琼斯描述的那样差;相反,如果邀请苏加诺到华盛顿与约翰逊会面,那么苏加诺便会以亚非世界民族运动的领袖自居,在华盛顿的舆论界引起风暴,而这就像"疾病蔓延一样不可想象"。国家安全委员会认为应对当前的局面可以采取两步走的方法:一是在二月中旬前派遣美国副总统访问马尼拉、吉隆坡和雅加达,如果副总统的行程取得效果,那么四月或五月在夏威夷安排约翰逊与苏加诺会面。①

① *FRUS*,1964—1968,Vol. XXVI,p.211.

但与邦迪和国家安全委员会的估计不同,到 1965 年
2 月底,中情局方面认为印尼的局势变得愈发糟糕。美
国不仅面临着来自苏加诺日益壮大的危险,也面连着一
个没有苏加诺的印尼带来的风险。中情局判断如果在不
久的将来苏加诺过世,那么印尼将成为一个不遵守国际
规则、经济面临崩溃的国家,同时这个国家对于共产主义
的进攻将没有任何的免疫力。如果苏加诺依然存在,那
么印尼共掌权的可能性将会增大。在近期内,苏加诺将
继续他的与西方的对抗性政策,中情局认为苏加诺极有
可能提升与马来西亚对抗的强度,在印尼和马来西亚的
边境地区布以重兵并不断发起袭击。中情局认为,苏加
诺将继续增强与社会主义国家的联系,削弱西方国家在
东南亚的影响力。①

与此同时,美国信息局负责人卡尔·罗万(Carl T.
Rowan)向国务卿腊斯克提交了美国对于印尼展开行动

---

① *FRUS*,1964—1968,Vol. XXVI,pp.219-220.

美国与印尼"九三零"事件

的建议。罗万认为,过去六个月内,印尼发生了大量针对美国信息局的袭击事件,这让人忍无可忍。为了维护美国国家利益以及美国在国际体系中的权威,约翰逊政府有必要采取措施让此类事件不再发生。罗万认为,印尼发生的针对美国信息局的事件是印尼和美国关系现状的缩影。[①] 1965 年 2 月 24 日,琼斯与苏加诺会面,苏加诺再次表示会尽最大努力保护美国在印尼的财产,苏加诺同时表示美国新闻媒体以及中情局对他所进行的敌对性活动令他深感困惑。琼斯则表示,美国驻印尼大使馆的工作人员到目前还进不了美国信息局的图书馆,苏加诺当即叫下属过来对此做出指示。[②] 从琼斯和苏加诺各自的表态可以看出,美国和印尼对彼此都有着严重的负面认知,即美国人认为印尼发生的针对美国财产的破坏活动受到了苏加诺的默许,而苏加诺则认为美国情报机构试图颠覆其控制的政府。

综合各方面的意见,1965 年 2 月 25 日,国务院向美

---

① *FRUS*,1964—1968,Vol. XXVI,p.223.
② *FRUS*,1964—1968,Vol. XXVI,p.238.

国驻印尼大使做出指示,要求处理好以下几个方面的问题:其一,印尼持续发生的针对美国在印尼设施和财产的破坏活动,已经超出了主权国家可以接受的限度,美国方面对此一再忍耐是因为对于扭转双边关系的持续恶化仍然抱有希望,而印尼政府方面曾一再保证不再发生此类事情,但这些保证现在看来都是毫无价值的。其二,美国政府对于印尼政府以越南战争为导致印尼国内发生针对美国设施和财产的破坏行为的借口表示遗憾,美国方面知道印尼政府并不认同美国在印尼的做法,但这不应成为发生外交破坏和外交暴力事件的借口。其三,美国国务院认为印尼与美国之间的关系已经达到一个临界点,尽管美国方面想尽一切努力来扭转双边关系,但就目前印尼政府的所作所为来看,除非印尼政府的相关行为回到美国政府可容忍的限度内,否则美国方面难以做出进一步的善意举动。①

在 1964 年苏加诺独立日演讲后,美国驻印尼大使馆

---

① *FRUS*, 1964—1968, Vol. XXVI, pp.229 - 230.

认为,苏加诺已经把美国当成了印尼的主要敌人;[1]美国国务卿腊斯克则认为,虽然苏加诺的演讲毫无新意,但其演讲可以看作是苏加诺政府现阶段对美国认知的全面反映,腊斯克表示印尼与美国在国家利益方面已经处于全面冲突的状态。[2] 为了重新评估对印尼的政策,美国国务院召开了多次会议,美国政策调整的相关其他会议也都在加紧召开。约翰逊总统的私人代表艾尔斯沃兹·邦克(Ellsworth Bunker)于 1965 年 4 月花了 15 天时间在印尼重新评估局势。按照戴维·约翰逊(David T. Johnson)的观点,综合各方面情况,约翰逊政府对于印尼主要有 6 个政策选项:[3]

---

[1] *FRUS*,1964—1968,Vol. ⅩⅩⅥ,pp.251 - 253.

[2] *FRUS*,1964—1968,Vol. ⅩⅩⅥ,pp.129,134.

[3] 参见 David T. Johnson, "Gestapu: The CIA's 'Track Two' in Indonesia", http://www.hartford-hwp.com/archives/54b/033.html. 戴维·约翰逊在印尼"九三零"事件上有着长期和扎实的研究,"Gestapu: The CIA's 'Track Two' in Indonesia"一文是戴维·约翰逊根据自身的研究基础和美国中情局研究报告"Indonesia—1965:The Coup That Backfired"而形成的。

政策选项 1：不干涉政策，任事态发展。当然，美国在印尼事务方面从来没有采取过被动态势，此项的不干涉政策只是相对于其他 5 项选择来讲。如此，可能的结果是印尼共夺权。如果美国官方内部取得一致意见，即任由局势发展，那么印尼共势必夺权，东南亚最重要的国家将脱离美国的控制。美国控制越南局势的努力（1965 年 2 月开始的对于北越的轰炸）将面临暗淡的前景，美国在整个东南亚的战略利益将受到直接威胁。[①]

政策选项 2：试图使苏加诺政府改变其亲印尼共路线。在约翰逊政府看来，琼斯大使率领的美国驻印尼大使馆为此展开了多年的经营和努力，但收效甚微。苏加诺不论在内政还是外交方面越来越清晰地展示了其亲共产主义政策。华盛顿大部分官员表示苏加诺政府已经成为美国外交战略目标实现的重要梗阻，苏加诺必须下台；部分人士将苏加诺称为隐蔽的共产主义人士。根据此种

---

① David T. Johnson，"Gestapu：The CIA's 'Track Two' in Indonesia"，http://www.hartford-hwp.com/archives/54b/033.html.

分析，该选项将发挥不了作用。①

　　政策选项 3：彻底清除苏加诺政府的权势基础，暗杀苏加诺。显然该选项纳入考虑范围，但遭到部分人士反对，原因在于该选项实施的后果难以预料。一方面，印尼共力量如此庞大，加之印尼共力量在印尼政治和社会生活中的广泛基础，即使失去苏加诺的支持，印尼共力量同样能够坚持且发展壮大。在当前局面下与印尼共势力对抗的后果难以预测，且会引发内战，就如越南的局势般难以控制。另一方面，基于苏加诺在印尼持续性的政治经营，其威望难以撼动，暗杀苏加诺的其中一个风险是行为不可信。如果把暗杀责任嫁祸于印尼共则难以取信于民众，因苏加诺与印尼共之间是同盟关系，印尼共不具备产生此行为的动机；而让苏加诺自然死亡会让印尼共成为重要的政治势力，并使其成为逻辑上的胜利者。②

① David T. Johnson，"Gestapu：The CIA's 'Track Two' in Indonesia"，http://www.hartford-hwp.com/archives/54b/033.html.

② David T. Johnson，"Gestapu：The CIA's 'Track Two' in Indonesia"，http://www.hartford-hwp.com/archives/54b/033.html.

政策选项 4：鼓励印尼陆军夺取政权。美国驻印尼大使馆在此方面已经进行了若干年的努力并取得了相应成绩，但还没有达成目标。约翰逊政府认为，陆军内部的分裂使此目标的达成难以确定时间表，此外，陆军以武力直接夺取政权还存在相关障碍。印尼陆军从整体上讲还不愿意与苏加诺政府直接对抗。苏加诺清晰地表达了反对陆军进一步扩展势力范围的意愿。事实上，苏加诺在抑制作为独立的、反印尼共的势力方面做了很多事情。即使发动军事政变，如果缺乏快速清除印尼共势力和控制苏加诺的方案，内战同样可能爆发，这跟选项 3 的理由一样。尽管美国继续在印尼军方培养亲美官员并试图夯实他们的基础，通过陆军军事政变夺权也不是解决印尼问题的办法。[①]

政策选项 5：逐步削弱印尼共的力量，使印尼共采取自损信誉的举动，进而使清除印尼共力量行动合法化。

---

① David T. Johnson, "Gestapu: The CIA's 'Track Two' in Indonesia", http://www.hartford-hwp.com/archives/54b/033.html.

该选项导致的一个结果是苏加诺会起身反对,苏加诺本身不会允许陆军强有力地打击印尼共力量,即使表面上看打击印尼共力量具备的理由多么充足。美国方面曾进行了多种隐蔽行为旨在破坏印尼共的声誉,并使印尼共采取相关错误行动。这些行为试图让印尼共看起来并非真的支持苏加诺主义,此外,还包括制造文件以及在反印尼共的报纸上发表对印尼共的攻击性话语。但苏加诺对于所有有损于印尼共利益的政治和新闻行为都采取了禁止措施。印尼共在此方面也行为审慎,避免给清除印尼共力量带来口实。正如印尼共领导人艾迪特(Aidit)所言:"我们准备忍受侮辱和威胁,我们不会被激怒,如果陆军朝我们脸上吐唾沫,我们将擦干并微笑。我们不会报复。"故此选项一直在尝试,但效果不佳。[1]

政策选项 6:如果印尼共不给自己带来自掘坟墓的理由,那么清缴印尼共力量的口实只能被制造出来。该

---

[1] David T. Johnson, "Gestapu: The CIA's 'Track Two' in Indonesia", http://www.hartford-hwp.com/archives/54b/033.html.

选项的最佳效果是把印尼共力量和苏加诺政府同时从印尼政治生活中清除出去。事实证明,该选项是美国后来采取的最终选项,实现该选项目标的依托手段便是隐蔽行动。①

结合美国在印尼的政策及其实践不难发现,削弱苏加诺政府的执政基础、打击印尼共力量、鼓励印尼陆军与苏加诺政府对抗、作为幕后推手制造清剿印尼共的借口是约翰逊政府一直在隐蔽行动中致力于同时实现的目标。

### 三、 隐蔽行动的实施及进展

1965 年 4 月底,美国驻印尼大使琼斯致信负责远东事务的助理国务卿威廉·邦迪,前者告知印尼潜藏着发生政变的可能性。琼斯认为,美国绝不可以以任何形式参与此次政变,政变有可能发生在 5 月或 6 月苏加诺出

---

① David T. Johnson, "Gestapu: The CIA's 'Track Two' in Indonesia", http://www.hartford-hwp.com/archives/54b/033.html.

国的时候。琼斯认为邦迪有必要把此事告知约翰逊总统。琼斯告知邦迪，他的消息来自与他有私人联系的参与谋划政变的人，此人掌握着重要的印尼内政和军事信息。此事后来由负责远东事务的助理国务卿雷纳德·乌根（Leonard Unger）转告给国家安全事务助理麦克乔治·邦迪。乌根认为，虽然琼斯的信息缺乏依据，但邦迪有必要把此事告知总统。5月下旬，琼斯又告知国务院，政变发生的概率极小，因为政变的相关准备工作进展得极为缓慢。①

到1965年6月，美国驻印尼大使馆向国务院报告了印尼的最新情势。大使馆方面认为，目前印尼政府对美国政府的敌意要超过其他任何国家，照这种局面发展下去，印尼将成为亚非世界推动国际共产主义发展的急先锋。大使馆方面做出如下建议：（1）增强"美国之音"对印尼播放信号的强度，延长播放时间。大使馆认为，现在

———————

① *FRUS*，1964—1968，Vol. XXVI，p.254.

除了共产主义阵营的广播之外,印尼民众接收不到来自世界其他国家的信息。大部分的西方新闻媒体已被封禁,美国之音的信号非常弱。(2)组成一个工作组,这个工作组由来自美国驻印尼大使馆和华盛顿的相关美国政府工作人员组成,他们的任务是为"美国之音"在亚非国家的宣传提供充足的材料。(3)对亚非国家中与美国立场一致的国家的反社会主义宣传应给予支持,要在这些国家中宣传印尼的进攻性和印尼支持共产主义的立场。在国际会议上拉拢亚非国家中持中立立场的国家从而孤立印尼。(4)通过第三世界国家的广播,以及通过美国大使馆的渠道,"揭露"印尼共企图夺取印尼政权的意向。(5)通过亚非国家中与美国保持友好关系的国家向亚非世界宣传苏加诺的政策,以及苏加诺提升印尼共影响的行为。[①]

在加强隐蔽宣传强度的同时,约翰逊政府也在致力

---

① 　*FRUS*,1964—1968, Vol. XXVI, p.269.

于提升对印尼隐蔽援助的力度。1965 年 7 月 20 日，美国国务卿腊斯克传达了一个消息，即美国政府同意向印尼陆军出售价值 300 万美元的通信设备，腊斯克想确定英国方面已经知道了这个消息，英国大使迪恩（Patrick Dean）称已经事先得到了通知。腊斯克向英国通报，印尼陆军本来想购买 1300 万美元的通信设备，但美国政府没有同意。① 印尼共已经掌控了印尼国内的商用通信设备的供应渠道，陆军购买的这批设备将增强陆军内部通信渠道的安全性，首先用于爪哇地区。

但英国的反对态度使美国向印尼陆军出售通信设备的进展并不如预期的顺利。1965 年 7 月 28 日，英国驻美国大使迪恩向美国国务卿腊斯克转达了英国对此事的态度，表示英国政府对美国向印尼陆军出售通信设备的行为表示不悦。迪恩表示他理解美国政府的难处，但美国政府的这一做法将导致英国的其他友好国家以此为借

---

① *FRUS*，1964—1968，Vol. XXVI，p.272.

口向印尼出售武器,而这是英国政府不愿意看到的。由于美国政府开了先例,法国以此为借口准备向印尼陆军出售3架直升机,荷兰也准备向印尼陆军出售20架福克运输机。

针对英国方面的不满,腊斯克向迪恩重述了前几日即已经告知迪恩的关于美国向印尼陆军出售通信设备的理由,腊斯克强调此次给予印尼陆军的援助项目被限制在非常有限的范围内,但腊斯克表达了美国政府加强印尼陆军内部通信安全的愿望。腊斯克同时表示,美英各自的行为并不可能都让对方满意,美国政府也对英国政府的相关做法感到不满,如英国通过海上途径向古巴运送物资。腊斯克认为,美英之间更为务实的态度是在大方向上达成一致。迪恩回应称英国政府会对此类的商谈感兴趣,他认为美方可以和正在美国访问的英国内政部部长伯克·特兰德(Burke Trend)商讨此项事宜。①

--------

① *FRUS*,1964—1968,Vol. XXVI,p.273.

此处需要指出的是，约翰逊政府给予印尼陆军的隐蔽援助可以分为两个部分，一部分是以印尼陆军为援助接收方实施的，另一部分则是以苏哈托个人名义为援助接收方实施的，而第二个组成部分是容易被忽略但起到实质性影响的部分。1964 年 8 月，苏哈托与马来西亚取得政治联系，并与日本、英国和美国建立了联系。虽然建立这些联系的初衷是为了处理与马来西亚之间的事务，但从另外一个角度讲，苏哈托的举动也是在为夺取政治权力做准备。1965 年 1 月印尼陆军联合会议后，苏哈托争取到国防部部长纳苏蒂安的支持，这是其从竞争对手陆军司令雅尼手中夺得军队控制权的关键一步。

在 1965 财政年度，美国政府官方宣布美国对于印尼的援助已经停止，但对个人的军事援助项目却在增加。[①]根据 1966 年的数据，1963—1965 财政年度对于军方的军事援助由 1400 万美元降至 200 万美元，但对于个人的

---

① *The New York Times*，August 5，1965，p.3.

军事援助却保持基本不变。同时,对于民事行动项目的援助也在增加。在"九三零"事件发生前的几个月,与中情局有着联系的瓦蓝多(Jan Walandouw)上校作为苏哈托的使节与美国政府取得了联系。自 1965 年 5 月起,与中情局有联系的美国军事供应商洛克希德公司(Lockheed)先把装备卖给中间人(中间人获取报酬),再由中间人交给第三方。当时第三方还处于保密状态,但其实这个第三方就是苏哈托,并非纳苏蒂安或是雅尼。而印尼方的款项受到中情局和美国空军的资助。[①] 即使在 1965 年 7 月,美国与印尼的援助关系进入低谷的时候,罗克韦尔公司(Rockwell-Standard)与印尼军方达成一项协议,将 200 架轻型飞机运往印尼。[②]

---

① Peter Dale Scott,"The United States and the Overthrow of Sukarno, 1965—1967", *Pacific Affairs*, Vol. 58, No. 2, Summer 1985, pp.239 - 264.

② Peter Dale Scott,"The United States and the Overthrow of Sukarno, 1965—1967", *Pacific Affairs*, Vol. 58, No. 2, Summer 1985, pp.239 - 264.

美国与印尼"九三零"事件

印尼方的中间人——奥古斯特·穆尼尔·德萨（August Munir Dasaad）在 20 世纪 30 年代开始对苏加诺进行财政资助，但在 1965 年，德萨通过亲戚阿兰斯加（Alamsjah）将军与苏哈托取得联系。自此，洛克希德公司、德萨和阿兰斯加开始把苏哈托当成明日之星。当苏哈托的政变发生时，阿兰斯加立马将自己控制的基金供苏哈托使用，博取了苏哈托的信任。在苏哈托担任总统后，阿兰斯加在印尼成为炙手可热的人物。1966 年美国驻印尼大使馆指示洛克希德公司应继续使用"德萨—阿兰斯加—苏哈托"这条渠道。

从上述情况可以看出，相比艾森豪威尔政府和肯尼迪政府，约翰逊政府对于印尼的外交政策更具务实性，在约翰逊执政的早期，美国政府对印尼的隐蔽行动的目标已经明确，即致力于在后苏加诺时代在印尼政治、安全和经济社会发展过程中获得足够的影响力，并为美国的整体东南亚战略服务。对美国政府来讲，对印尼采取隐蔽行动是各种政策选择中的最优选项，其要义在于：一是可以避免国际上敌对国带来的舆论压力；二是可以避免来自国内决策层中的部分人士、国会和公众的压力；三是这种隐蔽行动具有可见的效果。

# Ⅲ

第三章

## "九三零"事件的爆发与
## 美国的初步反应

"九三零"事件的发生使苏加诺政府、印尼共、印尼陆军之间的三角权力失衡,苏加诺构建的印尼政治三足鼎立格局不再稳固。以苏哈托为首的印尼陆军右翼派系凭借其实力对翁东政变做出了迅速而有力的回击,同时借翁东政变把打击的矛头指向印尼共。约翰逊政府在对形势做出评估后,认为"九三零"事件的发生为美国政府在印尼和东南亚达成外交政策目标、实现国家利益提供了契机。

## 第一节　"九三零"事件的爆发与印尼陆军的反应

1965 年,印尼陆军的将领阶层已分化为两个阵营,一方以陆军司令雅尼为首,该派系认同苏加诺政府与印尼共合作的政策取向,赞同苏加诺政府允许印尼共参与印尼政治的执政思路,他们无意挑战或推翻苏加诺政府;

另一方是以苏哈托为首的陆军右翼派系，该派系对印尼共持敌对态度，与苏加诺政府在政治立场上对立。[1]

## 一、 翁东政变的爆发

1965 年 10 月 1 日，以翁东（Untung）为首的一批年轻军官率领麾下部队对陆军高级将领的住所进行了突袭行动，拉开了影响深远的"九三零"事件的序幕。参与政变的除了翁东指挥的营队外，还包括部分空军部队、印尼共产党青年组织、印尼共产党的专门安全部队和印尼共产党的妇女前线组织。政变的组织者和领导者包括印尼总统苏加诺的侍卫队长翁东[2]、来自陆军的素帕德加（Supardjo）将军、来自空军情报机构的亨鲁（Heru）中校以及来自海军的苏纳迪（Sunardi）中校。美国政府认为，苏加诺、苏班德里奥、艾迪特和达尼（Omar Dani）是翁东

---

[1] Harold Crouch, *The Army and Politics in Indonesia*, Ithaca, New York: Cornell University Press, 1978, pp.79 – 81.

[2] 美国政府认为翁东是信奉共产主义的、对现有印尼军队体制怀有强烈不满情绪的人士。

政变的幕后主导者。①

政变部队以不多于三个营的兵力于10月1日凌晨
2点开始行动，四点封锁了总统府，占领了雅加达的电报
办公室、通信大厦、国家银行和独立广场（Merdeka
Square）。3点到5点之间，侍卫队、陆军营和印尼共青
年组织突袭7名陆军高级将领的住所，当场击毙了庞德
加汤（Pandjaitan），绑架了陆军司令雅尼和陆军将领苏拓
杰（Soetojo）、帕尔曼（Parman）、哈嘉诺（Harjono）和素帕
拉托（Suprapto）。在此过程中，纳苏蒂安翻墙逃脱，苏哈
托因不在家中而逃过一劫。被绑架的将军和纳苏蒂安的
副手被押解至哈利姆空军基地（Halim Air Force Base），
后遭到虐待和杀害。②

政变发生后，翁东宣布印尼政府成功粉碎了受美国
政府支持的"将军委员会"企图推翻苏加诺政府的阴谋，

① *FRUS*，1964—1968，Vol. XXVI，p.335.
② *FRUS*，1964—1968，Vol. XXVI，p.336.

目前苏加诺总统处于有效的"保护"状态中。后证明翁东发表的关于苏加诺状态的声明与事实并不相符。随后，翁东颁布一项法令，根据该项法令，印尼政务将由印尼革命委员会（Indonesia Revolution Council）接手，革命委员会将延续既有的政府政策，委员会成员组成将随后宣布。① 苏加诺是否参与了翁东政变无从知晓，也没有关于他的个人消息。虽然革命委员会称苏加诺处于安全的保护状态中，但雅加达存在矛盾的说法：一种说法是苏加诺仍然是国家的领导者；另一种说法是革命委员会已经成为新的国家领导机构。革命委员会正在组建新的内阁，称印尼的外交政策不会改变，会保持自由、主动和反新殖民主义的政策。印尼第一副总理兼外长苏班德里奥明显地倾向革命委员会阵营，且苏班德里奥与印尼共高层保持着密切联系。空军司令欧玛尔·达尼公开宣布支持革命委员会，命令空军部队粉碎任何威胁革命委员会

---

① *FRUS*，1964—1968，Vol. XXVI，p.300.

的行为。

## 二、 印尼陆军的反应

反翁东政变的领导者苏哈托将军给翁东中校发出最后通牒,命令后者于 10 月 1 日傍晚前投降。苏哈托领导下的陆军信息中心宣称包括前陆军领导人雅尼在内的六位将军遭到政变者绑架,但没有指明绑架的详细情况。陆军知情人告知美国驻印尼使馆至少两名将军已经遇害,其他几位将军受到重伤。国防部长纳苏蒂安也在政变中受伤,所幸的是他侥幸逃脱,目前已经处于苏哈托的保护之下。

苏哈托代表他自己以及他的部队宣称苏加诺是伟大的领袖,强烈谴责翁东的反苏加诺行为,陆军重新确认苏加诺处于安全的状况中。在雅加达发生政变时,棉兰成立了一个区域性的革命委员会,该委员会与翁东的立场保持一致。陆军得知消息后决心在打击印尼共的同时将该委员会一举清除。驻棉兰的美国领事馆没有感知到印尼共在棉兰的活动,他们认为,印尼共有可能在准备应对即将到来的陆军的打击行动。

10 月 1 日傍晚,印尼陆军战略储备部队(Army Strategic Reserve)司令苏哈托通知所有部队,由于陆军司令雅尼被绑架,他将接管陆军。翁东政变发生后,苏哈托在最初的两次广播声明中重申陆军对于"伟大领袖苏加诺"的忠诚,指出印尼共对于陆军 6 位高级将领的遇袭身亡应负有责任。同时,苏哈托非常清楚地意识到,翁东政变给其实际掌控陆军提供了契机。[①]

苏哈托随后联合陆军和海军,组织部队开始对政变力量进行镇压,2 个小时后,印度尼西亚广播宣布陆军已经控制了局势,印尼警察部队也加入了陆军和海军的队列共同摧毁这场"反革命运动",苏哈托宣布苏加诺和纳苏蒂安已经处于安全的状态。当晚,翁东逃至中爪哇省与支持印尼共的力量组建反抗陆军的力量。

---

① O.G. Roeder, *The Smiling General*: *President Soharto of Indonesia*, Jakarta: Gunung Agung, 1970, p.12.

图 3-1 1965 年苏哈托出席翁东政变中遇害将军葬礼。
资料来源：美联社

到 10 月 2 日凌晨，雅加达的局势主导权已经从翁东领导的政变阵营转移到苏哈托领导的反政变阵营，苏哈托控制了雅加达的局势。在雅加达可以听见零星的枪声，但大规模的交火事件并没有发生。苏哈托得到了陆军主力部队、海军和警察部队的支持，同时还声称得到了大部分陆军将领的支持。与此相反，支持翁东的只有一个营左右的兵力，空军则继续持支持翁东的立场，但没有

General Yani

General Suprapto

General Parman

General Harjono

General Sutojo

General Pandjaitan

图 3-2　1965 年印尼翁东政变中遇害的 6 名高级将领,上排从左至右依次为:雅尼、素帕拉托、帕尔曼;下排从左至右依次为:哈嘉诺、苏拓杰、庞德加汤。

资料来源:CIA Research Study,"Indonesia 1965:The Coup That Backfired"

采取有效的行动。处于中爪哇省的由苏和曼(Suherman)上校领导的一个营也持反对苏哈托的立场。印尼共在支持翁东政变方面立场鲜明。

　　10月2日中午,印尼陆军已牢固地掌控了雅加达的局势。翁东中校逃往三宝垄地区。在三宝垄区域,苏和曼上校依然支持革命委员会,反对苏哈托。苏哈托调遣部队前往三宝垄处理这一情况。此时,外界对苏加诺的身体状况和安全状况依然无从知晓。最初消息称苏加诺在总统府,但那里警卫稀疏,苏加诺后被证实不在那里。媒体援引苏加诺妻子黛薇(Dewi Sukarno)的话称,她的丈夫是安全的。棉兰非常平静,但流言称印尼共和陆军之间将爆发武装冲突。美国驻棉兰领事馆称陆军打算把与翁东政变持同一阵线的印尼共铲除。苏联驻棉兰领事馆准备了一架飞机,供苏联工作人员随时撤离。到10月2日晚上,雅加达实施了宵禁,苏哈托的部队控制了所有的战略要点。纳苏蒂安已到达苏哈托的总部。值得一提的是,10月1日凌晨,当翁东政变的相关人员试图闯进纳苏蒂安的家绑架纳苏蒂安时,他的女儿受了重伤,美国方面向纳苏蒂安提供了医疗服务和交通运输工具。

在稳住雅加达的局势后,苏哈托以保护苏加诺、镇压政变、维护国家安全的名义对陆军领导层中的雅尼派系人员进行了清洗。此后,以苏哈托为首的右翼陆军派系对全国范围内的印尼共成员及其支持者、同情者展开了血腥清洗和屠杀,波及人数甚众。[①] 有组织的对印尼共的清洗行动在陆军的组织下分阶段地进行,由萨沃·艾德(Sarwo Edhie)指挥的陆军突击队从雅加达出发向中爪哇省、东爪哇省、巴厘岛开进,使局面不断朝着复杂化发展。[②] 在清洗行动首先波及的第一批区域(北苏门答腊、亚齐、井里汶、东爪哇省和中爪哇省)中,地方陆军的指挥官都有强烈的反印尼共情节。参与清洗行动的还包括一些民间组织和学生组织,这些组织与陆军有着密切联系,且受到美国政府的扶持。民间的反印尼共行为始于 10 月 1 日,陆军开始向穆斯林学生和工会分发武器,

---

① 关于"九三零"事件中遭到监禁和遇害的人数(尤其是遇害人数),目前还没有统一的结论。

② Robert Shaplen, *Time Out of Hand*, New York: Harper and Row, 1969, p.125.

但此时还没有任何证据显示印尼共与翁东政变之间存在联系。[①] 有观点认为,不应夸大陆军在武装和煽动民间力量参与清洗印尼共行动中的作用,但应该指出,部分民间组织虽然对于印尼共存在仇恨和恐惧情绪,但如果没有陆军的反印尼共宣传,民间组织不会参与到清洗和屠杀行动中。[②] 从整个"九三零"事件的发生脉络看,翁东政变、苏哈托的反应和对策、陆军对于印尼共及其支持者的清洗构成了事件的三个主要阶段,这与 1970—1973 年智利发生的政权更迭在形式上存在共通之处。

## 三、 翁东政变的直接后果

　　翁东政变的主导者认为,受美国中情局扶持的一个

---

①　Ulf Sundhaussen, *The Road to Power: Indonesian Military Politics*, *1945—1967*, Kuala Lumpur: Oxford University Press, 1982, pp. 171, 178‐179, 210, 228; Donald Hindley, "Alirans and the Fall of the Older Order", *Indonesia*, Vol.25, April 1970, pp.40‐41.

②　Ulf Sundhaussen, *The Road to Power: Indonesian Military Politics*, *1945—1967*, Kuala Lumpur: Oxford University Press, 1982, p.219.

"将军委员会"策划在 10 月 5 日前发动另一场政变，为达成此目标，该委员会正从东爪哇省、中爪哇省和西爪哇省调遣军队前往雅加达。事实上，上述地方的军队也的确正向雅加达进发，但其原本目的是 10 月 5 日的印尼军人节检阅活动。翁东没有对外提及的是，他本人也参与军人节的检阅活动安排并负责挑选参与检阅的部队，而翁东以前服役的第 454 营便在其中，从翁东的真实目的看，454 营将成为提前挫败"将军委员会"政变的主要力量。[①]

　　这里需要指出的是，翁东政变的直接理由是提前粉碎"将军委员会"颠覆苏加诺政府的企图，但在整个"九三零"事件中，"将军委员会"是否存在始终没有得到证实。"将军委员会"的流言，部分学者认为是印尼共的"作品"，也有部分学者认为极有可能是中情局与苏哈托集团合作

---

① Ulf Sundhaussen，*The Road to Power：Indonesian Military Politics，1945—1967*，Kuala Lumpur：Oxford University Press，1982，pp. 196，201.

用来推动"九三零"事件的准备工作之一。[①] 不论怎样，该流言起到了多重作用：一是增加了印尼国内政治的紧张性和不确定性，加剧了苏加诺与印尼陆军部分将领之间的相互不信任感，这些将领是中情局旨在离间陆军与苏加诺关系的主要目标之一；二是流言激怒了印尼共，并促使印尼共采取激进行为，使公众没有把注意力放在真正的阴谋上；三是流言给印尼内部其他政治力量和公众提供了真实印象，即"将军委员会"就是雅尼集团，这给"九三零"事件提供了一个行动目标；四是流言帮助创造了一个氛围，即公众会认为"九三零"事件的发生是有其必然性的，尤其是在 10 月 1 日，流言造成了一种潜在的共识，即"将军委员会"及其势力下的士兵真的可能发生政变，这也为印尼共采取相应的预防措施提供了前提。

印尼陆军中的第 454 营和 530 营是精锐突击部队，

---

① David Johnson，"Gestapu：The CIA's 'Track Two' in Indonesia"，http：//www.hartford-hwp.com/archives/54b/033.html.

自 1962 年起这两个营便得到美国的资助。① 事实上，参与翁东政变的很多将领都曾接受过美军的训练。如来自中爪哇省的政变领导者萨赫曼，1965 年 8 月其在与翁东和 454 营的苏柯诺少校会面前刚从美国莱文沃斯堡和日本冲绳接受完训练回国。②

1968 年美国中情局发布的研究资料显示，实际参与翁东政变的部队非常少。三分之二的伞兵旅（苏哈托在前一天刚视察过）和陆军的一个连及一个排构成了翁东政变的全部力量，且这几支部队的指挥官都为苏哈托的支持者。③ 在政变到达高潮的时候，完全支持政变的军事力量（来自中爪哇省）只有一个营左右，且在翁东政变

① Rudolf Mrazek, *The United States and the Indonesian Military*, *1945—1966*, Prague: Czechoslovak Academy of Sciences, 1978, vol. 2, p.172.

② Nugroho Notosusanto and Ismail Saleh, *The Coup Attempt of the "September 30 Movement" in Indonesia*, Jakarta: Pembimbing Masa, 1968, p.13.

③ U.S. Central Intelligence Agency, *Research Study*: *Indonesia—The Coup that Backfired*, 1968, p.2.

美国与印尼"九三零"事件

后两天之内,部队便撤离了雅加达。[1]

从翁东发表的声明及其行动来看,政变似乎并无不恰当之处;翁东从爪哇调遣军队也似乎是为了预防苏哈托的潜在行动。但翁东及其支持者随后的两个行动给予苏哈托发起镇压行动的托词:一是翁东宣布接手印尼政权的"革命委员会"没有把苏哈托包括在内。对于苏哈托而言,其被排除在"革命委员会"之外恰恰给了他保护苏加诺总统的最佳舆论依据,同时也可以防范苏加诺再度掌权。二是翁东政变中6名军方高级将领遇害于空军基地附近,而空军基地正是印尼共训练青年武装的地方,苏哈托借此将杀害军方高级将领的责任转嫁于空军和印尼共身上。[2] 此外,翁东政变在短时间内失败也与政变主

① U.S. Central Intelligence Agency, *Research Study: Indonesia—The Coup that Backfired*, 1968, p.65.

② Benedict Anderson and Ruth McVey, *A Preliminary Analysis of the October 1, 1965, Coup in Indonesia*, Ithaca, New York: Cornell University Press, 1971, pp.19 – 21.

导者中的意见不统一有关。根据相关资料可以判断,翁东政变有两种可能的目的:一是全面的政变,即除了苏加诺外实现印尼整体的领导组织架构更替;二是有限的政变,即实现陆军领导层的更替。翁东政变之所以很快遭到镇压,很可能是政变的主要组织者和领导者在政变目标上不一致所致。翁东比较倾向于全面政变,而印尼共、达尼、苏班德里奥等人则倾向于压制陆军的势力,加速印尼的政治轮子向左转。

在翁东政变中,雅尼派系的核心将领(包括雅尼本人)在政变中被杀害,这为以苏哈托为首的陆军右翼派系夺取陆军领导权提供了条件。从翁东及其支持者的角度看,翁东政变的"初衷"在于使苏加诺政府免受由美国扶持的陆军将领控制,但翁东政变的结果恰恰使苏加诺政府失去了陆军中最有力的支持者。反观以苏哈托为首的陆军派系,除了纳苏蒂安之外,其他反苏加诺政府的高级将领都没有受到袭击。纳苏蒂安原为苏加诺的支持者,两者之间关系的破裂源自 1959 年苏加诺政府对于苏哈托腐败指控的调查，纳苏蒂安因牵涉其中被排挤出陆军指挥圈子。[1] 翁东政变的发生使纳苏蒂安和苏哈托重新走近。

苏哈托在整个"九三零"事件中起到了主导作用，其表面上意在维护印尼的宪法精神和现存政治框架，实质上却是在致力于推翻苏加诺政府，这与智利的皮诺切特在政变中的做法类似。如果说 1958 年受美国扶持的印尼外岛叛乱中遭受失败的民众和官员起到了直接执行者作用，苏哈托则是"九三零"事件后续情势发展的主要谋划者和推动者，并受到美国政府的支持。除美国外，英国、澳大利亚和日本也不同程度地对苏哈托进行了支持，在所有介入"九三零"事件的外部力量中，美国政府起到了主导作用。

---

[1] Brian May, *The Indonesian Tragedy*, London: Routledge and Kegan Paul, 1978, p.221.

## 第二节　约翰逊政府的谨慎因应

"九三零"事件的发生在美国政府主要决策者的预期之外,但美国政府很快做出判断,该事件的发生为美国借印尼陆军力量阻止共产主义在印尼的扩张,打击苏加诺政府提供了千载难逢的机会。约翰逊政府分析后得出明确结论:印尼陆军要在现有的印尼政治格局中取得优势地位必须借助美国政府的支持。但在印尼局势发展还没有完全明朗的情况下,美国政府一方面相信苏加诺依然有相当的实力来维系自身的地位,另一方面对陆军的凝聚力、战斗力和把控局势的能力仍存诸多疑虑。除了给予印尼陆军在舆论宣传方面的隐蔽支持外,美国政府在"九三零"事件发生后的初始阶段持谨慎观望的态度。

## 一、 关键问题的初步分析

"九三零"事件发生后,美国政府在极短时间内即意识到该事件对印尼国内政治格局可能产生的深远影响。事件发生后,中情局以印尼形势报告的形式为约翰逊拟了一份备忘录。中情局认为,一个自称为"九三零运动"的团体称提前粉碎了一场即将在印尼发生的"将领政变",一大批将领和政府官员被捕,国防部长纳苏蒂安和陆军司令雅尼的家处于被看守状态。从此处可以看出,在翁东政变刚发生的时候,中情局对于翁东政变的情况颇感突然且信息缺乏,中情局认为政变力量的主要攻击目标是陆军高级将领,一大批将领和政府官员被捕的情况并不存在。[①]

在不断得到的报告中,美国官员很快认识到印尼局势正在急剧地发生变化,他们认为印尼的局势在往好的

---

① *FRUS*,1964—1968,Vol. XXVI,pp.300 - 301.

方向发展。从印尼乡村传来的消息显示,对印尼共的清洗行动已经开始,雅加达和华盛顿的美国政府官员的主要关切是印尼陆军是否会错失良机。白宫紧急成立的工作组向约翰逊报告称,问题的关键在于印尼陆军能否借将领的遇害来彻底打击印尼共。当印尼陆军犹豫不决时,美国政府在考虑如何能够激励印尼陆军。格林建议美国政府应避免公开卷入,而通过隐蔽行为来渲染印尼共的罪恶。但格林承认,印尼局势的发展并非美国主导得了的。①

　　苏加诺的状态、立场和态度是"九三零"事件发生后印尼国内各方政治力量和美国政府关注的焦点之一。雅加达的政府广播最初宣称翁东政变是为了保护病危的苏加诺总统,但稍晚的广播消息称苏加诺是安全的,且在继续领导着这个国家。② 对于这个消息,美国政府并不能

---

① H. W. Brands, "The Limits of Manipulation: How the United States Didn't Topple Sukarno", *The Journal of American History*, Vol.76, No.3, December 1989, pp.785 - 808.

② *FRUS*, 1964—1968, Vol. XXVI, pp.300 - 301.

判定其真实性。中情局在翁东政变发生后根据有限的信息得出了三个判断：第一，"九三零"事件的领导者认为其提前挫败的"将领政变"得到美国政府的支持和煽动，在雅加达的政府广播宣布"将领政变"被挫败前的三个小时，美国驻印尼大使馆的外部电话线被切断，大使馆周边有部队进驻；第二，"九三零"事件的直接目的旨在清除印尼陆军中的反印尼共力量并实现陆军领导权的更替，针对陆军的类似行动在雅加达之外的其他地区也在计划中，事件可能被用来激发印尼国内新的反美行动；第三，有证据显示苏加诺事先知晓了"九三零"事件发生的可能性及其目的，事件的最初组织者和筹划者可能是印尼第一副总理苏班德里奥以及与苏加诺、苏班德里奥亲近的印尼共领导人。① 关于苏加诺在翁东政变中的角色和作用，中情局的判断是基于意识形态对抗和对苏加诺政府一贯的敌视态度而形成的。到底是谁主导了翁东政变的

① *FRUS*，1964—1968，Vol. XXVI，pp.300 - 301.

发生,目前还没有统一定论。但从中情局的分析中可以看出,美国政府对于苏加诺政府的敌视态度是根深蒂固的。与中情局不同的是,美国国务院则认为印尼共是导致"九三零"事件发生的幕后主使。

美国副国务卿乔治·鲍尔认为印尼发生的"九三零"事件蕴含着非常糟糕的征兆,根据目前的判断整个"九三零"事件越来越像是印尼共主导的事件,但鲍尔本人对此还不能完全确定。他认为这可能是印尼共夺取印尼政权的第一个步骤,事件发生后印尼共在雅加达的工作总部不仅没有受到任何约束,反而印尼共的活动密集而亢奋,与此对应的是,美国在印尼陆军中所依赖的将领正遭到软禁或已遭处决。苏班德里奥在逮捕的名单上,但只是排在第9位。10月1日和2日,鲍尔就"九三零"事件分别与国防部长麦克纳马拉、参议院外交委员会主席富布赖特(William Fulbright)和国务卿腊斯克展开了紧急磋商。在与麦克纳马拉的通话中,由于担心在印尼工作人员、外交眷属和其他美国人员的人身安全,鲍尔问麦克纳马拉国防部在印尼附近有没有相关船只,或许应该联系英国或澳大利亚派一些飞机到新加坡以便在需要时把一部分美国人撤出来,毕竟在印尼各岛上总共有几千个美国人。麦克纳马拉问鲍尔是不是只有撤离的预案,是否还有其他计划;鲍尔称只有等局势明朗他才能确定;麦克纳马拉问局势明朗是往哪个方向发展,是不是明确共产党夺权了美国才会采取其他行动。鲍尔对印尼局势的发展趋势表示悲观。麦克纳马拉称评判撤离人员的可能性,国防部会做好相关准备。①

同一天下午,鲍尔与参议员富布赖特进行了电话交流,汇报了印尼的形势并称形势仍然诡异,政变与镇压政变的行动同时进行,美国大使馆方面还不清楚镇压政变的情况进展如何。鲍尔称已确定"九三零"事件由一批年轻的左翼军官发动,可以肯定的是,新成立的印尼革命委员会成员皆为立场明确的左翼人士,但还不能确定印尼

①　*FRUS*,1964—1968,Vol. XXVI,pp.301 - 302.

共在多大程度上与此次事件有关;在过去三个小时内,纳苏蒂安已经控制了军队的大部分同时夺回了雅加达电台的控制权,救回了苏加诺,但纳苏蒂安已经在何种程度上控制了局势,鲍尔表示不知道。鲍尔判断,如果纳苏蒂安控制了局势他可能会对印尼共展开清洗行动,这是比较乐观的预期。富布赖特问道,纳苏蒂安这个人是否可靠,鲍尔称印尼陆军对于印尼共的敌对情绪并非来自意识形态因素,两个人都认为美国政府不能依靠任何印尼人。①从鲍尔与富布赖特的沟通中可以看出,约翰逊政府在"九三零"事件伊始对苏哈托这个人不是非常了解,鲍尔认为纳苏蒂安是印尼陆军的主要领导者。与美国政府认知不同的是,苏哈托在"九三零"事件发生后便在印尼陆军的各项活动中起到了主导作用。

苏哈托 1921 年 6 月 8 日出生在印尼中爪哇日惹附近的一个贫农家庭。苏哈托幼年时,父母离异,父亲抛弃

---

① *FRUS*,1964—1968, Vol. XXVI, pp.302 - 303.

了他,他一直过着寄人篱下的日子。他先随祖母生活了一段时间,4岁那年,母亲再婚后才把他接到身边。不久他母亲又与第二个丈夫闹翻分手,苏哈托只好寄居在姑母家。他一边念书,一边帮助姑母干家务。[①] 由于苏哈托的母亲三度嫁人,村里人都看不起他,经常羞辱他,这在他幼小的心灵中留下伤痛。他没有因此消沉,而是更加发奋,只用两年的时间读完小学。[②] 升入中学后,因为家境贫困,他被迫辍学,打工糊口。据说,苏哈托一生中最遗憾的事是受教育不多。因此,苏哈托一有空就看书,甚至在街上拾到一张报纸,他也会从头到尾认真地看完。[③]

在成长过程中,苏哈托认识到"只有吃军粮才能独立生活",19岁那年,他未征得母亲同意,加入了当时荷兰

---

① 《解密苏哈托》,《东南亚纵横》2000年11期。
② 苏哈托入小学时已经15岁,早已超龄,故入学即被编入五年级,用两年时间念完了小学。参见《解密苏哈托》,《东南亚纵横》2000年11期。
③ 吴迎春:《苏哈托沉浮记》,《时代潮》1998年08期。

殖民政府办的一所步兵学校。<sup>①</sup> 军校毕业后,苏哈托成为荷兰殖民政府的士兵,在不到一年的时间里被提升为上士。1942年,日军入侵印尼后,苏哈托加入了祖国防卫军。1945年日本投降后印尼爆发了八月革命,于8月17日宣告独立,苏哈托重新进入军界。1960年,苏哈托任陆军参谋长第一助理兼陆军总后备兵团司令,5年后,他任陆军战略后备司令,少将军衔。苏哈托在权力的阶梯上不断攀升,他希望有朝一日能更进一步。果然,"九三零"事件成了他攀上权力顶峰的契机。<sup>②</sup>

10月2日凌晨,鲍尔与美国驻印尼使馆成员召开电话会议讨论印尼局势,鲍尔主要咨询了4个问题:(1)印尼目前的局势如何?(2)谁控制着局面(或占优势)?(3)苏加诺的状况如何,大使馆的估计是怎样的?(4)印尼共的状况如何?大使馆方面回复道,忠于翁东的军事

---

① 《解密苏哈托》,《东南亚纵横》2000年11期。
② 吴迎春:《苏哈托沉浮记》,《时代潮》1998年08期。

力量已经不再构成威胁；苏哈托的力量在上升；①苏加诺的状况不为人知，但其并不支持陆军，目前其可能或已经死亡，或被剥夺权力、监禁或是等着局势尘埃落定；印尼共力量开始沉寂但仍具备与陆军的镇压力量相角逐的能力；美国驻印尼大使格林建议没有必要撤离驻印尼的美国人，此外这种撤离行动有可能产生负面作用。② 印尼一位高级军官卢比奥诺(Rubiono)将军告诉美国驻印尼大使馆，此时撤走美方人员是不明智的做法，因为这是美国政府对陆军控制形势能力不信任的表现。之后，国务卿腊斯克问印尼的局势有没有发生特别的变化，鲍尔称局势仍不明朗，但陆军在苏哈托的控制中，从目前情况看，局面并不是特别坏。鲍尔称印尼共明确地倒向翁东一边但不占优势。鲍尔对于没有关于苏加诺的任何信息表示奇怪，腊斯克称其已经死亡或是病重。③

---

① 中情局在 10 月 2 日准备了一份关于苏哈托的背景资料。
② *FRUS*，1964—1968，Vol. XXVI，pp.303 - 304.
③ *FRUS*，1964—1968，Vol. XXVI，pp.303 - 304.

但苏加诺的状况并没有如腊斯克所判断的那样。在美国方面对印尼局势发展持有诸多不确定性判断的同时,印尼的局势是不平静的,苏加诺总统似乎在尽极大努力来保持团结,缓解陆军与支持"九三零"事件力量之间日益增长的敌意性对抗。10月4日,苏加诺告诉陆军将领"九三零"事件是个政治问题,恢复和平与稳定是印尼局势的当务之急,陆军应该支持自己利用政治手段解决问题。印尼陆军对苏加诺的态度感到沮丧和不悦。"九三零"事件中遇害的将领尸体很快被陆军找到,陆军方面认为在政变中被逮捕将领的尸体遭到了残暴性的对待,试图通过发酵这件事来争取印尼民众及其他政治力量对陆军的支持。印尼陆军希望苏加诺政府能够与陆军一道,共同谴责和惩罚印尼共及其他参与翁东政变的组织和个人。然而,苏加诺暗示其不会与参与翁东政变、试图攫取政治权力的印尼共、印尼空军、苏班德里奥及相关人员翻脸。① 有报告显示从翁东政变发生直到周日,苏

---

① *FRUS*,1964—1968,Vol. XXVI,pp.312 – 313.

加诺一直处于空军的庇护下,他本人并不知道外部事态的发展情况。另一份报告显示苏加诺现在清楚地掌握事态的发展情况,并意识到谁是这场政变的始作俑者。同时,陆军禁止了印尼共的报纸但没有对印尼共总部发起行动。已经取得雅加达内外区域陆军控制权的苏哈托通过广播发表演讲,指控空军参与了政变阴谋;苏哈托强烈谴责了政变人员杀害陆军高级将领的残酷暴行,以此争取民众的同情和支持。[①] 这是迄今为止美方得到的第一个关于陆军试图挑战苏加诺意愿的实际信息,因为从苏加诺本人来讲,他并不想过分放大"九三零"事件以引起更大的后续性政治反应。翁东政变被镇压之后,翁东转移到中爪哇省地区,组织了若干营的兵力以待与印尼陆军的对抗;印尼共领导人艾迪特则潜藏了起来。

从"九三零"事件发生到 10 月 4 日,虽然美国政府对于印尼局势发展的大体框架有掌握,但对印尼国内政治

---

① *FRUS*,1964—1968,Vol. XXVI,p.313.

发展的细节缺乏具体了解，没有能够做出比较明确的判断。美国政府认为，苏加诺的政治立场是影响印尼政治发展的关键因素，苏加诺对"九三零"事件的认知和行为取向存在两种可能性：

第一种可能性是，苏加诺一直清楚事态的进展，只是刻意保持低调而已，或许苏加诺想在确定谁在权力斗争中胜出后再公开发声。由于艾森豪威尔政府、肯尼迪政府和约翰逊政府对于苏加诺在印尼国内容许共产党力量的发展，并推行与社会主义阵营类似的经济社会发展计划极度不满，苏加诺的本意是希望"翁东—苏班德里奥—达尼"发动的政变能够获得成功，如此陆军的高级指挥官将不再成为苏加诺奉行亲社会主义阵营政策的障碍和威胁。①

第二种可能性是，苏加诺最初被一种假象迷惑，即翁东发动政变是为了提前粉碎美国政府支持和煽动的"将

① *FRUS*，1964—1968，Vol. ⅩⅩⅥ，p.305.

领政变",保护苏加诺政府；在经过一段时间后，苏加诺开始相信，是空军中的印尼共力量为了打击主要的政治反对派陆军而策划了一场阴谋，进而能够获得与苏加诺政府对抗的实力。①

约翰逊政府认为，如果苏加诺采取了第一种立场，那么苏加诺会尽一切可能来阻止陆军镇压空军和印尼共，继续与印尼共保持亲密的关系，这对于美国是不利的。到目前为止，苏加诺也似乎在引导民众认为"九三零"事件仅仅是空军和陆军之间因小事发生的争端而已，可以通过政治手段解决。如果苏加诺采取了第二种立场，那么陆军将会被授予更多权力，苏班德里奥、达尼和翁东等人必将从印尼的政治活动中出局。苏加诺担心若是允许陆军反对"九三零"事件，尤其是展开对于印尼共的打击行动，一方面内战不可避免，国家将走向分裂的边缘；另一方面则失去了印尼共对于陆军的制约，苏加诺构建的

---

① *FRUS*，1964—1968，Vol. XXVI，p.305.

微妙的三角平衡关系会被打破,到时苏加诺如何制约陆军将是一个极大的问题。此外,印尼外岛面临外国势力的渗透或存在建立独立政府的风险,这客观上要求印尼国内政局不能产生动荡。苏加诺认为,通过谨慎行动维护民族团结,可以阻止印尼国家分裂,因此对于试图颠覆政府的势力应小心掌控。

美国远东地区事务主任布劳因(F. J. Blouin)认为,苏加诺从"九三零"事件发生之初就知道内在缘由,至少部分地掌握相关信息,苏加诺目前只是充当了一个笨拙的"修补者"角色,来弥合国内的政治裂痕以及保持自身的政治威望。目前的关键问题在于陆军是否有力量来削弱苏加诺的影响力。但需客观看待的是,苏加诺目前仍然是印尼国内最具维系民族和国家统一实力的人,而且印尼陆军也极其重视民族和国家的统一性,基于这一点,陆军还不敢与苏加诺政府公开对抗。[1]

---

① FRUS,1964—1968,Vol. XXVI,p.306.

美国与印尼"九三零"事件

## 二、 低调介入政策的确立

1965 年 10 月 5 日,美国驻印尼使馆就印尼的政治安全形势得出三个较为明晰的判断:一是过去数天的事件进展使印尼共和支持印尼共的力量变得岌岌可危,陆军预计将采取针对印尼共的强有力行动;二是苏加诺政府的执政基础已不再稳固,印尼执政权力极有可能转移至另一个人或另一群人手中,这势必带来印尼国家政策和立场的变化;三是美国关键的问题是能否使印尼的局势朝着有利于美国国家利益的方向发展,但必须承认,目前印尼国内主要政治因素的发展变化超出美国的控制能力。[①] 美国驻印尼使馆建议美国国务院须遵守以下方面的原则和立场:避免公开卷入印尼日渐公开化的权力斗争;向陆军中的关键人物(如纳苏蒂安和苏哈托)表示美国政府愿意提供援助的意愿,但要向他们表明美国不能

---

[①]　*FRUS*,1964—1968,Vol. XXVI,pp.307 - 308.

公开地卷入或干涉印尼国内政局；与陆军维系或尽可能地扩展联系；避免表现出质疑陆军能力的行为，如撤离美国外交眷属或者减少工作人员；尽可能地扩大和宣传印尼共的罪状、背叛性和残暴性，这是美国政府能够给予印尼陆军的最及时援助，但不能让外界知晓消息的散播是由美国主导的；通过信息输出及其他方式来展示美国对于军方的支持；对于新的、公开的事态介入要保持低调。[1] 美国大使馆认为，苏联与美国的立场存在相同的地方。[2]

相比于美国驻印尼使馆的立场和观点，国务院则表现得更为谨慎。鲍尔认为印尼陆军目前还不需要美方的物质援助，在过去这些年中，美国通过军事训练项目和民事行动项目，以及平时给予纳苏蒂安的常规援助，培养了陆军一种清晰的意识，即美国政府对于印尼陆军的支持是一贯且连续的，他们若需要援助，可以向美国提出。国务院方面认为，就目前的情况来看，大使馆方面还是不要直接与陆军取得联系为好，若需要与陆军取得联系，可以

---

① 　*FRUS*，1964—1968，Vol. XXVI，pp.307 – 308.
② 　*FRUS*，1964—1968，Vol. XXVI，pp.307 – 308.

通过可信的陆军高级军官来传递信息。同时，苏加诺及其支持者会对于任何激化现状的行为保持警惕，不能给予苏加诺及其追随者这样一种证据，即西方国家会对他们发起攻击，同时美国是陆军的支持者。虽然鲍尔与格林的意见存在分歧，但鲍尔同意格林提出的关于通过"美国之音"及相关媒体渠道发动反共宣传攻势的建议。事实上，"美国之音"及相关媒体渠道已经通过印尼国内的消息源编辑整理了相关材料，通过雅加达的广播和媒体材料进行宣传，旨在使民众相信印尼共应对"九三零"事件承担责任，同时印尼共在对待被逮捕的印尼陆军高级将领时非常的惨无人道。除了在印尼国内宣传外，"美国之音"及相关媒体渠道也按照美国政府的意愿向世界范围报道相关信息。鲍尔同意目前没有必要大规模撤离美方人员，但是要做好随时通过民用飞机或船只来撤离外交眷属和非核心工作人员的准备。①

在其后的若干天时间里，印尼陆军主导印尼政治安

---

① *FRUS*，1964—1968，Vol. XXVI，pp.309 - 310.

全形势发展的脉络逐步清晰。美国驻印尼使馆在向国务院发送的电报中陈述了印尼局势发展演变的乐观趋向，指出印尼陆军力量的上升、苏加诺政府和印尼共力量相对下降的格局变化符合美国在印尼和东南亚的利益诉求。10月6日，苏哈托开始利用陆军有计划地清除印尼共力量，陆军摧毁了雅加达的印尼共组织架构并逮捕了印尼共青团和妇联的主要领导人。[①] 次日，美国驻印尼工作小组向国务院汇报称，苏哈托派系掌控了陆军的主导权；[②]印尼经济社会秩序开始恢复正常；苏加诺试图缓和印尼共力量与陆军之间的紧张态势，并巩固自身的力量；印尼共在雅加达的官方报纸被禁。[③]

随着局势的发展，国务院判断印尼发生内战的可能

---

① "Indonesia Working Group，Situation Report No. 10，October 6，1965 "，*DDRS*（Declassified Documents Reference System），CK3100368480.

② "Indonesia Working Group，Situation Report No. 11，October 7，1965"，*DDRS*，CK3100368481.

③ "Indonesia Working Group，Situation Report No. 12，October 7，1965"，*DDRS*，CK3100368483.

美国与印尼"九三零"事件

性在不断增加,这就牵涉撤离美国外交眷属和侨民的问题。在这一点上,美国国务院与驻印尼大使馆之间依然存在较大分歧。格林坚持认为撤离美方人员并非最优选项,但鲍尔认为眷属与侨民的人身安全是最重要的事宜之一。其后,中情局副局长赫尔姆斯同意了鲍尔的看法。赫尔姆斯问鲍尔是否只有撤离外交眷属这一选项,鲍尔称印尼内战一触即发,应尽可能不动声色地用民用航班撤离外交眷属,他注意到印尼有几家公司在开展民用航空业务。赫尔姆斯认为鲍尔的意见是对的,如果发生巷战,约翰逊总统会深感不安。10月6日,国务院指示大使馆开始撤离外交眷属,为了使撤离行动不那么引人注目,撤离人员均以探亲、就医等名义搭乘国际商用飞机而非军用飞机离开。①

---

① *FRUS*,1964—1968,Vol. XXVI,pp.316-317.

# IV

---

第四章

# 印尼陆军的初步利益诉求与美国政府的回应

印尼陆军与美国政府之间有着长期的持续性联系和实质性物资来往。在"九三零"事件后，印尼陆军和美国政府都希望借此机会改变印尼的政治格局：陆军意识到美国的援助能够给予他们在权力斗争中关键的支持，而美国政府也预估到了印尼陆军会向美国政府提出援助请求。通过"纳苏蒂安副官—埃塞尔"联系渠道，陆军提出了他们的初步利益诉求，美国政府在局势不甚明朗的情况下进行了谨慎地回应。

## 第一节　印尼双强权力中心的形成

"九三零"事件发生一周后，印尼陆军对于印尼共及其支持者和同情者、苏加诺政府中的左翼人士实施了强有力地镇压，印尼陆军逐步掌控印尼国内的政治安全局势。苏哈托成为印尼陆军的主要领导人物，且其具有强烈的反印尼共情绪和意志。

## 一、 苏哈托的崛起

虽然印尼总体的局势依然扑朔迷离并存在诸多不确定性,但有以下几个特征是比较突出的:第一,印尼政治格局由先前的苏加诺政府、印尼共和印尼陆军三足鼎立的局面演化为两个权力中心,一个是苏加诺政府及其支持者,一个是印尼陆军及其支持者,双方都试图削弱对方的力量但同时又需要相互合作。就印尼的局面来讲,苏加诺和陆军都需要向外界展示印尼国内的团结性并没有因翁东政变而遭受到破坏。

第二,虽然苏加诺的形象遭到严重破坏,但还没有其他政治力量能够替代苏加诺政府。苏加诺政府是印尼局势发展的重要影响因素,苏加诺从民族团结统一与压制陆军势力的角度出发,希望此次事件通过政治方式解决并由自己主导解决的进程,希望印尼共在国内维系与政变前同样的地位,以有效地制约陆军。① 虽然相当一部

---

① *FRUS*,1964—1968,Vol. XXVI,pp.310-312.

分的印尼民众私底下认为苏加诺清楚"九三零"事件的来龙去脉,甚至苏加诺自己就是"九三零"事件的支持者,然而这部分人并不想把此观点公之于众,最重要的原因在于苏加诺的国父形象依然是维系印尼民族团结稳定以及国家统一的支柱性力量,而陆军方面也认为在目前阶段依靠苏加诺来维持国家的团结统一是必要的。

第三,陆军对印尼共组织力量的清洗行动从雅加达逐步扩散到其他地区。在东爪哇省、中爪哇省以及北苏门答腊地区,印尼共力量与非印尼共力量的对峙已经使当地局势相当紧张,诸多观察者认为内战一触即发。这种局面对于陆军来讲既有正面影响也有负面作用,正面影响为陆军可以利用上述地区的紧张局势增加与苏加诺讨价还价的砝码,因就苏加诺本人而言,国家分裂是其最不愿意接受的后果之一;负面作用为如果内战一旦爆发,则陆军和苏加诺之间彻底决裂,苏加诺有可能召集部队与陆军对抗,这对于陆军来讲是不利的,陆军在某种程度上须与苏加诺达成妥协。①

第四，约翰逊政府认为，印尼的外交政策到目前为止没有发生实质性的改变。印尼与美国及西方国家的关系仍然受到意识形态和实际国家利益的多方掣肘。虽然陆军以及民众中的一部分人怀疑印尼"九三零"事件及后续的政治发展进程受到外部因素的影响，但苏加诺不会承认这种可能性。约翰逊政府认为，"九三零"事件必然加剧印尼与社会主义阵营的紧张关系，但是亲密的合作还会继续，因为双方都觉得这种合作是有用的。但印尼国内的诸多民众团体，尤其是穆斯林团体，对于印尼共的不满情绪在日益增长。②

第五，虽然不排除陆军在掌权后对印尼的外交政策做出较大调整，但印尼的反帝国主义政策还会延续。苏加诺政府的实力在"九三零"事件后遭到严重损害，已经无法恢复到政变前的权势基础；印尼陆军不再对苏加诺

---

① *FRUS*，1964—1968，Vol. XXVI，p.324.
② *FRUS*，1964—1968，Vol. XXVI，p.325.

言听计从,即使陆军将领们目前对于和苏加诺政府进行直接对抗还存在顾虑,陆军也已开始鼓动穆斯林组织展开对抗苏加诺和印尼共的行动。①

与此同时,美国驻印尼大使馆和国务院根据各方面收到的报告,意识到印尼陆军已经从单纯打击削弱印尼共的组织力量转变为对印尼共成员及其支持者、同情者的抓捕和屠杀。印尼陆军持续地对印尼共力量展开清洗,印尼共的通信设备、网络、指挥机构和组织架构遭到严重破坏。在雅加达地区上千名印尼共骨干被捕、几百名印尼共骨干被处决。印尼共成员及其支持者、同情者已被印尼陆军逼入死角,雅加达地区的印尼共领导人那吉诺(Njono)已被逮捕并可能遇害。在政府部门任职的印尼共成员则被强制离开岗位;在中爪哇省印尼共成员被陆军大量杀害。在持续性的对抗、冲突和流血过程中,印尼陆军想把印尼共从印尼政治生活和经济社会发展进

---

① *FRUS*,1964—1968,Vol. XXVI,p.319.

程中永远抹去。① 从 1965 年 10 月 27 日开始,大使馆从数份报告中得知中爪哇省地区的流血冲突不断升级,印尼共内部的知情人士透露,印尼共将发起解放战争,并以暴力行为作为战斗形式之一,大使馆方面从事实的观察中也认为印尼共将增加暴力行动是毫无疑问的。②

在整个“九三零”事件中,有多少印尼共成员及其支持者、同情者遭到杀害依然是充满争议的话题。1970年,曾于 1965 年至 1966 年在美国驻印尼大使馆工作的外交官员赫兰德(Richard Cabot Howland)在《情报研究》(*Studies in Intelligence*)上发表了一篇文章。赫兰德试图在该文中阐述清楚两个问题:第一,印尼陆军是借鉴美国在越南对越南共产党的做法来采取对印尼共的做法的;第二,总共有 35 万到 150 万之间的印尼共成员和支持者在“九三零”事件中遭到杀害。赫兰德暗示,遭到

---

① *FRUS*,1964—1968,Vol. XXVI,p.375.
② *FRUS*,1964—1968,Vol. XXVI,p.338.

杀害的印尼共成员数量被印尼本地人人为夸大,这部分人想夸大数字来讨好反印尼共当权者(印尼陆军)。赫兰德对于死亡数字做了自己的评估。他根据印尼陆军中相关军官提供的数字,认为爪哇的死亡人数为 50000 人,巴厘的人数为 6000 人,北苏门答腊的人数为 3000 人,总数为 105000 人。[①]

在印尼共力量遭到持续清洗的情况下,美国政府依然认为,虽然印尼共的力量遭到重创,但如果印尼陆军的打击行动就此停止,那么印尼共的组织系统很快便能恢复。虽然苏加诺对于陆军的清洗行动持反对态度并试图重新取得对局势的控制权,但他从某种程度上讲有心无力,印尼陆军主导的新政权的出现已经不可避免。约翰逊政府认为,苏加诺政府和印尼陆军目前就如何达成相互妥协正在进行谈判,以找到双方都能够接受的平衡点。就陆军方面而言,其有可能对于苏加诺涉入“九三零”事

① *FRUS*,1964—1968,Vol. XXVI,pp.339 – 340.

件保持缄默,陆军也极有可能同意延续苏加诺外交政策的主要内容。但陆军也提出了自己的要求:(1)任命苏哈托为陆军司令;(2)依据印尼法律对涉及"九三零"事件的关键人物进行惩处;(3)重组印尼空军;(4)禁止所有支持"九三零"事件的民众组织和政党组织;(5)替换印尼共、苏班德里奥的情报组织。[①] 与此同时,印尼的新闻媒体分成了两个阵营,即支持苏加诺政府阵营和反苏加诺政府阵营,支持苏加诺政府的新闻媒体阵营以"反帝国主义"节目为主线,引导听众维系印尼与共产主义的联系。印尼陆军对上述媒体极为不满,采取了相关强制措施禁止该类新闻媒体的活动。

## 二、"纳苏蒂安副官—埃塞尔"联系渠道

对美国政府而言,由于苏哈托此前并没接受过美方的军事训练,美国外交界、军界和情报界对于此人缺乏直

---

① *FRUS*,1964—1968,Vol. XXVI,p.325.

接的了解。在此情况下，美方需要与苏哈托建立起联系渠道。基于美国驻印尼使馆的军事参赞威廉·埃塞尔（William G. Ethel）与印尼国防部长纳苏蒂安的副官拥有密切扎实的私人关系基础，"副官—埃塞尔"渠道成为接下来一段时期内美国政府与印尼陆军之间消息和意见往来的主要途径。很快，印尼陆军通过"副官—埃塞尔"渠道向美国政府提出了两项利益诉求：一是请美国向英国转达印尼陆军的一个要求，即陆军不希望英国在此时促使印尼与马来西亚对抗关系的进一步升级；二是希望美国政府帮助印尼陆军评估印尼的政治安全形势。[①]

1965年10月10日，纳苏蒂安的副官向埃塞尔传递消息，印尼陆军希望英国不要在此阶段升级马来西亚与印尼之间的冲突，这会削弱陆军的实力和地位，陆军认为美国是唯一能够给英国施加压力达成上述目的的国家。同时，印尼陆军已经感知到其已经掌控了国内局势，此时

---

① *FRUS*，1964—1968，Vol. XXVI，p.318.

如果能避免印尼与马来西亚之间冲突升级的干扰,则陆军便能够在与苏加诺政府的权力斗争中胜出。稍晚些时候,在与英国进行磋商并征得英国同意后,美国政府向印尼陆军传递了两层意思:一是美国保证无意直接或间接干涉印尼内政;二是美国有充足的理由相信不会有美国的盟友在此时采取针对印尼的敌对性意愿和行动。[①] 美国政府的第二点表态实际上间接表明英国在此阶段不会升级印尼与马来西亚之间的对抗关系。

对于印尼陆军提出的由美国政府帮助评估印尼国内政治安全形势的请求,美国国务院表现出审慎态度。鲍尔认为美国如果给予印尼陆军错误的鼓励,无异于火中取栗。腊斯克同意鲍尔的看法并认为此事应该详加讨论。[②] 国务院认为:(1) 美国不清楚印尼陆军中现在谁是掌权人,表面上看纳苏蒂安是执掌军方的人物,但苏哈托

---

① *FRUS*,1964—1968,Vol. XXVI,p.318.
② *FRUS*,1964—1968,Vol. XXVI,p.319.

看起来对于苏加诺采取了更为强硬的立场,同时美国不清楚陆军中还有其他人扮演什么样的角色,也不知他们的力量如何,陆军的领导层是否团结;(2)美国不清楚陆军的计划和打算,以及陆军内部是否存在争论和意见分歧,在清楚地掌握这些情况前,美国政府是无法对印尼的政治安全形势做出评估的;(3)纳苏蒂安的副官所传达的信息是否代表了纳苏蒂安本人的意愿,或仅仅是他个人的想法。[①] 基于此,国务院认为美国政府需要谨慎行事。针对国务院的几个疑惑,美国驻印尼大使馆做了回复:有合理理由相信纳苏蒂安是陆军中发号施令的人,纳苏蒂安和苏哈托之间有着紧密的合作;大使馆同意进一步掌握陆军计划和意向的看法;纳苏蒂安副官的意见代表了纳苏蒂安本人的意见。[②]

美国政府面临的一个两难的境地是:一方面美国不

---

① *FRUS*,1964—1968,Vol. XXVI,p.320.
② *FRUS*,1964—1968,Vol. XXVI,p.321.

打算给予印尼陆军美国将涉入印尼内政的印象,或是美国仅仅利用印尼陆军来为美国国家利益服务,而不考虑印尼的国家利益;但另一方面,如果印尼陆军想借助美国政府的力量来清除印尼共力量,美国倾向于采取明确行动。[①] 国务院建议美国使馆在答复纳苏蒂安副官的时候,应把握以下几个要点:美国对印尼陆军致力于清除印尼共力量的意向始终是抱有同情和支持态度的,但在没有掌握陆军的目标和计划前,美方无法准确地评估形势。[②] 基于情势的快速变化,如果副官能够传达陆军关于情势的判断和陆军的行动意愿,那么这对于美国评估印尼形势是极有帮助的。约翰逊政府认为,把皮球踢回给纳苏蒂安可以检验纳苏蒂安对于美国政府的态度和立场。

---

① *FRUS*,1964—1968,Vol. ⅩⅩⅥ,p.320.
② *FRUS*,1964—1968,Vol. ⅩⅩⅥ,pp.320 - 321.

## 第二节　美国政府对印尼陆军的回应

从总体上讲,美国政府在谨慎的前提下对于印尼陆军的援助要求进行了积极的回应。相比国务院和白宫,美国驻印尼使馆在援助方面采取了更加主动的态度。为了更好地处理援助事宜,美国政府成立了印尼联合工作组以进行恰当的政策评估。

### 一、 小规模隐蔽援助的实施

1965 年 10 月 14 日,埃塞尔向纳苏蒂安的副官传递了美国国务院的意见,副官将内容记在一张纸上并表示会立刻把口信转达给纳苏蒂安。在获知英国不会在此阶段升级印尼与马来西亚之间的冲突后,纳苏蒂安深感满意。副官表示,印尼陆军之所以想获得这种保证,是为了专注于国内事务以免横生意外。副官及时向美国政府带来了陆军打击印尼共的进展，称陆军正在围捕印尼共骨干，当被问及印尼共骨干成员是否在组建新的共产主义政党以代替现有印尼共的组织架构时，副官回答他不清楚这件事，但会弄清楚。①

就在此前一天，即 10 月 13 日，美联社根据知情人士提供的消息发了一篇报道，称苏哈托派遣一名中校与美国政府接触，想获取通信设备援助以应对来自印尼共发动内战的威胁。格林向国务院证实了这件事情。格林称不清楚美联社关于这件事情的消息是从印尼还是美国获得，但大使馆方面在此之前对于纳苏蒂安与美国军官的接触作了严格限制，印尼大使馆也没有人把这件事情透露出去。②

印尼陆军方面通过纳苏蒂安的副官向美方提出提供通信设备援助的请求，称这将有助于保护陆军领导人及其家属的人身安全。格林批准了该项援助请求并向印尼

---

① *FRUS*，1964—1968，Vol. XXVI，pp.321 - 322.

② *FRUS*，1964—1968，Vol. XXVI，p.322.

陆军提供了 3 套摩托罗拉对讲机（Motorola P - 31
Handy - talkies）、电池和充电设备。格林认为，这些设
备的提供有助于降低印尼陆军领导人遭到暗杀的风险，
同时对于展示美方的善意和诚意是大有裨益的。[①] 美国
向印尼陆军提供通信设备，以及在英国和印尼之间斡旋
等举动，在印尼陆军方面看来是富有善意和诚意的，按照
格林的理解，这些"小恩小惠"（small quiet gesture）对于
此时的印尼陆军来讲是"雪中送炭"，对于增进美国与印
尼陆军之间的关系是重要的。助理国务卿邦迪对于格林
及时给予印尼陆军移动通信设备援助表示赞同，但表示
如果陆军方面进一步提出需要美国帮助修建连接雅加达
地区和外岛之间的通信设备[②]，国务院建议大使馆要进
行认真考虑。

　　事实也证明，纳苏蒂安副官在接下来的几天内通过

---

① *FRUS*，1964—1968，Vol. XXVI，pp.322 - 323.
② 按照美国国务院的判断，印尼陆军目前控制了雅加达地区和外岛之间
　　的民用通信网络设施。

"副官—埃塞尔"这条渠道向美国大使馆不断传递印尼陆军打击印尼共和苏班德里奥力量的进展,在格林看来,副官传递的信息是准确的。警察部队方面称他们已经在中爪哇省抓住了印尼共首领艾迪特,但这个消息还没有对外公开。警察部队对外宣称艾迪特仍在潜逃之中,缘由之一是为了阻碍印尼共产生新的政党领袖。纳苏蒂安向苏加诺提出五个方面的要求,其中前两个苏加诺已经答应:(1)任命苏哈托为陆军总参谋长;(2)驱逐达尼;(3)全面禁止印尼共的组织活动;(4)重组内阁;(5)解散苏班德里奥的情报机构。①

相比较于"苏哈托—纳苏蒂安"集团与美国政府方面具有可见效果的接触,苏加诺政府的政治空间不断受到挤压。苏加诺告知纳苏蒂安他想获取关于"九三零"事件的全部事实要素,以寻求解决目前政治危机的办法。陆军和警察部队一道努力挖掘事实,找到了一系列不利于

_____

① *FRUS*,1964—1968,Vol. XXVI,p.327.

苏班德里奥的证据。对陆军来讲,苏班德里奥是其欲除之而后快的人物,陆军方面认为苏班德里奥会歪曲苏加诺的想法。同时,苏班德里奥试图在海军内部挑起政见纷争。值得注意的是,苏班德里奥和他的主要副手苏瓦托(Suwito Kusumowidagdo)之间在此节点上产生嫌隙,但后者获得了外交部门的绝大部分支持。[1] 同时,陆军最近正在清除内部不值得信任的军官,约有 40 名军官遭到逮捕,其中苏瓦索诺中校(Soewasono)被指控利用他的办公室帮助左翼人士获取关键信息。

上述事实反映了两点:一是苏哈托掌权后的印尼陆军有意加强与美国之间的联系;二是印尼陆军对于印尼政治力量对比变化有着清醒的认识。[2] 美国国家安全事务助理麦克乔治·邦迪在向约翰逊总统提交的备忘录中也认为,翁东政变后印尼事态的发展趋于乐观,这也证明了近年来尤其是 1963 年后美国对于印尼外交政策的正

---

① *FRUS*,1964—1968,Vol. XXVI,p.327.
② *FRUS*,1964—1968,Vol. XXVI,p.328.

确性和有效性,邦迪进一步指出苏加诺和陆军力量的双强并存局面只是暂时的,这种短暂的平衡源于陆军和苏加诺都需要彼此的存在或是双方都不具备摧毁对方的力量。①

到10月下旬,印尼局势进一步明朗,美国国务院就印尼政治安全形势做了详细的评估。国务院做出的总体判断是:第一,陆军在继续清理形势;第二,苏加诺反对陆军对印尼共的清洗行动,试图恢复控制权;第三,印尼共在犹豫于采取合法斗争形式与陆军对抗还是转向叛乱与恐怖主义行动;第四,在过去这些年中非共产主义信仰者都保持了不活跃的状态,但在最近诸多非共产主义信仰者浮出水面成为反印尼共人士,美国政府想知晓促使这一转变发生的幕后主导者,但幕后主导者未浮出水面。②

随着印尼政治和安全格局的演变,美国政府开始考虑和筹划后苏加诺时代的相关问题。美国政府认为,未

---

① *FRUS*,1964—1968,Vol. XXVI,p.334.
② *FRUS*,1964—1968,Vol. XXVI,pp.330 - 331.

来主导印尼政局的团体必须了解美国政府的立场。按照美国政府的估计,未来印尼政府的力量组成会有四种形式:第一种情况是恢复到"九三零"事件的局面,苏加诺、印尼共占据优势地位。在这种情况下,美国与印尼的关系不可能变好,甚至会变得更坏。第二种情况是彻底的军人政府。这种情况也不大可能,纳苏蒂安和陆军高层不希望出现纯粹的军人政府,苏加诺也会极力反对。第三种情况是军人主导的,富有民族主义色彩的,同时印尼共力量还有一定发言权的政府。第四种情况是陆军主导的,有文官政府性质的,印尼共完全被边缘化的政府。从目前情况来看,第三种、第四种情况的政府更具可能性。①

但不论印尼在未来出现何种形式的新政权,该新政权都需处理三大问题:一是内政问题,尤其是长期以来被苏加诺政府忽视的经济发展问题;二是外交政策问题,反

① *FRUS*,1964—1968,Vol. XXVI,p.331.

帝国主义的教化在印尼各阶层中如此根深蒂固，短期内只能是逐步地加以改变；三是共产主义问题，印尼共是一回事，共产主义是另一回事。在印尼的诸多受教育人群中，都对共产主义思想抱有一定的情结，那么如何让这部分人逐步意识到，共产主义不仅仅是经济理论，也不仅仅是民族主义问题，印尼新政权须加以妥善处理。

美国国务院认为，印尼新政权将急需外部帮助来发展本国经济。此时的印尼新政府急切地知道美国的态度和立场。美国政府希望新产生的印尼政府会致力于建设"自由的印尼"，为了民众福祉权利促进发展。国务院希望大使馆向印尼陆军传达以下信息：印尼在西方世界拥有很多朋友，印尼和西方国家能够发展双赢的贸易和商业往来，如果印尼方面愿意，美国政府将很愿意伸出援手。在过去这些年中，印尼共在印尼与美国的关系中注入了"仇恨的海洋"，美国政府也注意到双边关系中的隔阂与障碍无法在一夜之间消除。国务院认为，新政权为恢复经济必然寻求外部援助，而美国会成为印尼最为依赖的外部援助力量。同时国务院认为，即使美国应印尼陆军要求提供援助，这种援助也只能以隐蔽或半隐蔽（covert or semi-covert）的、针对性的、小规模方式进行。[①]

　　美国国家安全事务助理麦克乔治·邦迪认为，翁东政变的失败及后续的政治动态表明，美国之于印尼的长远性政策倾向是正确的，即不论在短期内印尼与美国之间的关系出现怎样的裂痕，1963年以来美国对印尼的政策都起到了良好的效果，并使之朝着有利于美国国家利益的方向发展。驻印尼大使格林认为印尼国内现在有两个政府——苏加诺政府和印尼陆军——的判断是对的，双方目前都还需要彼此维持着一种微妙的平衡，且这种平衡还将持续一段时间。印尼陆军展示了可嘉的勇气，大使馆方面表现优异。邦迪认为以下情况还需要进一步核实：苏加诺的身体健康状况，苏加诺在"九三零"事件中

---

① *FRUS*，1964—1968，Vol. XXVI，p.333.

的涉入程度，艾迪特的实际状况（是不是已经被逮捕）。邦迪建议约翰逊，不论印尼哪股政治力量掌权都不能指望印尼国内的崇尚马克思主义的思想或外交政策在短期内发生突然的巨大的改变，在这种情况下，美国越是克制和谨慎，对美国国家利益越有利。[①]

## 二、 联合工作组的成立

"九三零"事件发生前，在苏加诺对于印尼政治进程拥有主导权的情况下，陆军传统上宣称不参与政治，不会热心于争夺权力，以及承担起国家治理的政府职责。但印尼的政治发展趋势表明，在陆军领导层的观念中，苏加诺奉行的中立民族主义不具备可持续性，除了陆军外，印尼国内没有其他政治力量能够承担起领导印尼国家发展的能力。专制政府、经济混乱将是印尼未来国家发展的典型特征，同时，陆军将持续地面临来自印尼共的挑战。

---

① *FRUS*，1964—1968，Vol. XXVI，p.334.

不论印尼陆军是否愿意,陆军都将在组建新政府中扮演主导角色。陆军将致力于恢复印尼的秩序,成立由军人组成或是军人、文官共同组成的过渡政府,这个政府可以有苏加诺的参与,也可以没有苏加诺。事实上,目前陆军已经摆脱苏加诺独立制定政策,陆军已经越来越扮演准政府的角色了。

美国政府认为,印尼陆军很快会意识到他们需要寻求朋友和支持。美国政府预计陆军会向其他国家寻求帮助,其中肯定会包括美国;印尼陆军不需要任何国家的提示就会清楚地明白,苏加诺和印尼共的外交政策和国内政策已经把印尼从国际社会中孤立出来,经济的萎缩以及政治和社会的混乱使美国的援助显得尤为必要。但在目前情况下,陆军会对其他国家的建议和援助保持一定的恐惧和怀疑心理。印尼陆军与美国军方长期保持的亲密关系为美国在印尼政治转向的节点中发挥影响力提供了良好的渠道。

接下来的时间段给美国政府提供了影响印尼民众和

政治进程前所未有的机会,陆军开始明白问题的关键所在及面临的难点。腊斯克认为,美国接下来的对印尼工作需要注意以下几个方面:美国应致力于增强印尼的信心,即印尼能够从混乱中被挽救回来,而陆军是扭转这种发展方向的主要政治力量。美国应该让印尼知道,印尼陆军拥有随时准备帮助他们的朋友。当纳苏蒂安向美国寻求帮助时,美国可以这样回应:当陆军以合理方式处置国内问题时,美国会施以援手。①

约翰逊政府认为,以下几个方面是印尼在接下来的时间段内急切需要外部援助的领域:一是食品;二是机器的原材料和零部件;三是金融领域的货币和机制供给;四是小型武器和装备。就食品方面而言,美国政府认为,如果印尼陆军觉得直接向美国或其他国家(日本、巴西、马来西亚、泰国、韩国可提供大米)求助会使其处于尴尬的境地,美国可以向印尼指出,食品可以通过国际红十字会

① *FRUS*,1964—1968,Vol. XXVI,p.342.

供应。就金融领域而言,印尼的货币和信用混乱是目前需要立即特别关注的问题,美国可以指出,国际货币基金组织可以为印尼当局稳定国内金融系统提供建议,国际货币基金组织和印尼真正的朋友可以提供援助,但是需要印尼执政当局改变对国际货币基金组织和相关朋友的敌对态度。就小型武器和装备而言,美国政府的忧虑是,印尼陆军在打击印尼共的情况下,苏联是否会给印尼陆军提供武器装备。①

1965 年 10 月 29 日,国务院西南太平洋办公室主任柯塞尔(David C. Cuthell)召集会议,成立跨机构的印尼联合工作组,商讨对印尼可能出现的暴动局势的应变准备事宜。出席会议的有柯塞尔本人、柯塞尔的副手伍德希尔(Francis T. Underhill, Jr.),国务院印尼事务主管古兹彼得(H. Kent Goodspeed)、中情局的一位官员②和国防部的工作人员努西特莱茵(D.E. Nuechterlein)。

---

① *FRUS*,1964—1968,Vol. XXVI,pp.342-343.
② 该人名字未解密。

与会人员简要商讨了印尼目前的局势,同意中爪哇省的安全形势不断恶化,认为当印尼陆军提出援助请求时,美国政府应准备援助的应急预案。会议起草了一份由国务院和国防部共同商讨的发至雅加达的电报,要求大使馆方面评估当印尼突然发生武装暴动时,印尼陆军会需要哪些装备和物资援助。此外,相关机构或人员①提交了一份报告,暗示中爪哇省的实际安全形势比国务院之前收到的报告更为严峻,印尼陆军在应对大规模的印尼共武装暴动时存在困难。很显然,印尼陆军目前最缺的是短程的通信设备,这种装备在应对印尼共的游击行动中是极其必要的。长距离的通信设备,如连接岛屿之间或是印尼与外国之间的通信设备,在大规模战事爆发的时候也是需要的。由于美国国防部驻印尼的军官中没有通信设备专家,会议决定派遣一名专家至印尼核实实际的通信设备状况,他的报告将帮助厘清印尼陆军在

---

① 该机构或人员名称未解密。

装备方面的真正需求。①

　　与会人员同意,印尼陆军目前拥有应对印尼共武装暴动的大部分装备,印尼陆军请求美国政府援助的项目预计为供应短缺或是缺乏维护的小数量的专门设备。如果进行援助,印尼陆军方面预计会要求通过第三国进行,如泰国或者菲律宾。因此,通过隐蔽援助方式进行是避免暴露情况的最佳办法。如果印尼陆军承担不起援助的费用,国防部需要找到合适的解决办法。国防部需要搞清楚现在泰国有多少军事装备可供援助,在印尼陆军提出紧急援助请求时,用什么方式能够尽快把装备送达。与会人员商定,关于印尼的跨机构联合工作组将于11月3日再次进行会面,届时联合工作组将收到大使馆和通信设备专家的报告,这样美国政府可以更加精确地准备印尼陆军所需的装备和物资。②

---

① 　*FRUS*,1964—1968,Vol. XXVI,p.344.
② 　*FRUS*,1964—1968,Vol. XXVI,pp.344-345.

# V

---

第五章

印尼陆军的援助请求与
美国政府的隐蔽援助方案

1965 年 10 月底,美国国务院认为印尼陆军致力于削弱苏加诺力量的意志和势头已不可逆转。10 月 25 日,纳苏蒂安在其演讲中公开宣称印尼陆军决心扫清所有印尼共成员及其追随者,即使苏加诺反对,陆军的意志也坚定不移。美国国务院认为,如果纳苏蒂安的讲话与事实相符,那么苏联不会对这种局面置之不理,印尼陆军不可避免地要审慎地处理与苏联的关系,也需要在国际上寻找朋友和支援。如果纳苏蒂安寻求美国的帮助,国务院认为美国应给予印尼陆军积极的回应:在食物、原材料、机器零部件方面的援助可以通过国际红十字会的名义提供(以避免印尼陆军直接向美方寻求帮助的非便利之处);对于印尼在货币和信用体系方面的问题,国际货币基金组织和相关"真正的朋友"可以提供援助;美国政府也应该考虑对于印尼陆军的武器援助问题。①

---

① *FRUS*,1964—1968, Vol. XXVI , pp.342 - 343.

## 第一节　印尼陆军提出正式援助请求

美国国防部、中情局和国务院是美国与印尼陆军打交道的三个主要政府部门。值得注意的是,印尼陆军方面认为,陆军可以和三个部门分别打交道,并独立地建立起三条亲密程度不同的联系渠道。印尼陆军和美国国防部在已有基础上建立的联系是友好的和专业的,是超越两国政府间政治立场差异的"服务对服务"(service to service)联系。这种联系是基于相互信任、尊重以及私人友谊网络而构建的。相比较于印尼陆军对于美国国防部的认知,国务院与印尼陆军的关系并没有那么的亲密。陆军认为上述三个部门都支持印尼陆军清除印尼共力量的行动,并且都赞成援助计划,但问题在于,印尼陆军想尽快得到美国对这种援助的确定想法和意愿,这种援助首先得符合印尼陆军利益,其次要符合印尼国家利益。

## 一、 正式援助请求与美国的评估

1965 年 11 月 1 日，印尼陆军高级将领苏肯德罗（Brigadier Sukendro）正式向美国提出援助请求。美国方面对于苏肯德罗是否代表"苏哈托—纳苏蒂安"集团提出援助请求、援助能否以秘密方式进行、如果援助暴露会对印尼陆军和美国造成多大损害等问题心存疑虑。同时，美国认为印尼陆军此时有着试探美国政策的意图，美国政府还没有完全掌握陆军未来的计划和能力，陆军没有明晰地表明其对美国在印尼利益的立场（如美国在印尼的石油资源方面的利益），在清楚地知晓印尼陆军未来的计划和行动能力之前就对陆军实施援助是冒险的行为。

不可否认的是，印尼在过去几个月发生的重大变化使约翰逊政府看到了符合美国国家利益的愿景。美国政府认为，印尼陆军和警察部队的思维和行动对"自由世界"来说意味深长，美国在其中也是利益攸关方。美国与其他有相似思维的国家一道,有着充足的理由伸出援助之手,只要这种援助是真实需要的、不违背陆军本意的以及无损于美国国家利益的。

美国驻印尼大使格林认为,如果苏肯德罗是代表"苏哈托—纳苏蒂安"集团提出的援助请求,只要在援助金额、数量、运输方式方面能够以隐蔽方式进行,那么尽快对陆军实施医疗援助是必要的。万一援助行动暴露,也可以用人道主义援助的托词进行掩盖。①

就通信设备而言,格林建议美国政府可以出于同情考虑的出发点,以合理的数量提供若干类型的通信设备,但美国政府需要印尼陆军更加详细和精确的关于需求数量、用途的陈述,在此之后方能进行援助,在这方面美国可能需要与英国和澳大利亚进行磋商。就小型武器援助而言,格林认为,中爪哇省的局势恶化可能使印尼陆军需要小型武器支援,若此种情况发生,美国也愿意快速地提

---

① *FRUS*,1964—1968,Vol. XXVI,p.346.

供若干类型的武器,但美国提供的武器应该尽量是非美国制造的,这样可以避免留下任何美国政府涉入印尼权力斗争的痕迹,同时美国应该寻找进行隐蔽援助的渠道;格林认为,苏肯德罗并没有提出关于大米的援助请求,美国不必操之过急。当务之急是通过各方渠道来证实苏肯德罗是否真的代表"苏哈托—纳苏蒂安"集团在提出援助请求。①

美国国务院认为,在美国实施援助前,有两项工作必须完成:一是美国政府与印尼陆军建立起一条独立的信息沟通渠道,来传递与援助有关的信息;二是印尼陆军拥有影响印尼内政外交的能力,印尼陆军必须表明保护美国在印尼利益的意愿。腊斯克建议格林通过各种渠道核实苏肯德罗的请求是否代表苏哈托的意愿。苏肯德罗提出美国须在 11 月 3 日前就援助请求做出明确答复,对于这个时间限定,国务院认为只能回复美国正在积极地考

① *FRUS*,1964—1968,Vol. XXVI,p.346.

虑援助事宜。① 与美国国务院的态度不同,国防部认为对于印尼陆军的大规模武器和物资的援助在目前并不可行,因为这种援助无法悄无声息地进行,因而在政治上是不可接受的。②

约翰逊政府在对援助的方式、内容和数量进行审慎考虑的同时,对于印尼陆军政治立场的分析也是其工作重点之一。对于印尼陆军政治立场的分析主要包含三块内容:一是陆军对于印尼和美国关系认知的问题,以及陆军的外交政策倾向;二是印尼与马来西亚的关系问题,以及印尼陆军在此问题中的立场;三是陆军对于苏联的态度和立场问题。

在印尼陆军对于美国的认知及陆军的外交政策立场方面,约翰逊政府认为,在印尼陆军与印尼共角力的背景下,在美国国务院施以援手前,以下几个问题是清楚地存

---

① *FRUS*,1964—1968,Vol. XXVI,pp.347 – 348.

② *FRUS*,1964—1968,Vol. XXVI,p.349.

在的:第一,印尼陆军反对西方国家在东南亚的军事存在。第二,印尼陆军偏向延续对抗氛围。在战术方面陆军会有别于苏加诺和苏班德里奥,但在基本政策方面与二者并无差别。陆军延续对抗氛围的缘由在于:对抗能够提供国民团结一致的外在动力,这种影响力非同小可;对抗提供了外在的一个敌对对象,这种敌意性认知在民众中被广泛接受;对抗提供了要求民众做出牺牲的理由,为军事预算和花费提供了合理的借口。第三,印尼陆军反对美国政府的越南政策。陆军认为,美国在越南的军事存在鼓励了西方国家干涉别国内政的意愿。第四,印尼陆军在经济政策方面具有强烈的民族主义倾向,具有强烈地攫取西方国家经济利益的意愿。国务院西南太平洋办公室主任柯塞尔认为,如果美国政府相信印尼陆军对于强占美国在印尼的石油工业不感兴趣,那将会是一个巨大的错误。毫无疑问,印尼陆军已经仔细地评估过强占西方国家经济利益所需冒的风险,同时也已经跟日本等国家做好了应对负向结果的预防措施。交通和市场显然是发展国家石油工业所面临的主要问题,日本在这两方面都准备帮忙。陆军极有可能让美孚真空石油公司和加德士石油公司出局,以低于国际市场价格每桶 10 到 20 美分的价格出售,以回报日本对陆军的合作行为,并占取剩余利润。基于此,陆军有可能认为印尼国有化西方石化工业是增进印尼外汇储备的有效措施,从政治角度看,如此强有力的国有化措施必然受到印尼民众的拥护,其可以将陆军构建为印尼反对新殖民主义、殖民主义和帝国主义的核心。①

在处理与马来西亚的关系方面,美国政府认为,随着雅加达政治局势的变化,印尼陆军有结束对抗的意愿。但就印尼陆军承担的政治责任和本身具有的反马来西亚动力而言,陆军不会就结束对抗而马上采取行动。过去两年多的对抗使爱国主义在印尼深入人心,陆军只要稍微表现出调和的立场,将被国内视为对新殖民主义者的

---

① *FRUS*,1964—1968, Vol. XXVI, pp.349 - 350.

美国与印尼"九三零"事件

妥协,苏加诺将会利用这一点来打击陆军。在不远的将来,这种对抗会处于一种低水平,也不会被印尼国内的政治局势影响。

虽然从 1964 年 12 月开始印尼军队在婆罗洲边境和苏门答腊地区有大量的集结,在 1965 年 5 月份这种集结已经完成,但过去 6 个月中印尼针对马来西亚的军事行动已经大大减少,只发生了少数几次进攻性行为。上一次印尼的武装游击队试图渗透进马来西亚半岛发生在 3 月份,印尼方面依然有对马来半岛进行破坏的计划,但具体的实施行动已经十分有限。同时,英国对于马来西亚的武力支持对印尼军队起到了良好的威慑效果。在婆罗洲,英国方面发起的有效跨边界行动有力地粉碎了印尼的计划,同时使印尼方面拥有 17000 名成员的部队处于防守状态。1963 年 8 月开始,英国和马来西亚已经抓捕或击毙印尼游击队 700 人中的 500 人。[①] 从总体看,局势

---

① *FRUS*,1964—1968,Vol. XXVI,p.372

缓和使印尼陆军不必在印尼与马来西亚之间的边境部署大量兵力,印尼陆军最近已经把一个旅的兵力抽调到爪哇省中部和东部地区。此外,值得关注的是,新加坡并不希望看到马来西亚和印尼之间的关系实现正常化,因为一旦正常化实现,英国军队将撤离马来西亚,新加坡担心马来西亚对新加坡的华人将采取不利行动。①

约翰逊政府根据最近收到的若干份报告得出一个结论,即印尼试图寻求与马来西亚之间的相处之道。然而,印尼是否真的想结束对抗这个问题还是有疑问的。陆军虽然反对诸多苏加诺的内政政策和亲共产主义政策,但陆军接受了苏加诺的扩张主义政策,同时也认为英国利用马来西亚来损害印尼的利益。在印尼陆军的领导层中,诸多将领认为英国在发动"九三零"事件中策划了打击陆军的阴谋。

在印尼陆军与苏联的关系问题上,约翰逊政府认为,

---

① *FRUS*,1964—1968,Vol. XXVI,pp.372 - 373.

陆军在与美国交好的同时,会致力于与苏联维系良好的关系,因为这与陆军的利益紧密相关。与苏联之间的良好关系,对印尼打击印尼共无疑是有利的外部支撑,但陆军也同时意识到,印尼与苏联之间的关系和印尼与美国之间的关系可能是会产生冲突的。苏联为印尼陆军提供了大量的武器和其他物资装备,陆军也在这些硬件设施中投入了大量成本,没有苏联提供的零部件,印尼陆军的大量装备将变成一堆废品。印尼陆军在东南亚军事实力的维系很大程度上依赖武器装备的维护和更新。印尼陆军必须使苏联相信,他们是坚定致力于维护苏联在东南亚利益的。①

约翰逊政府认为,如果上述对于印尼陆军政治立场的判断是正确的,那么美国政府的政策应该注意以下几个方面:一是在印尼陆军与印尼共的生死斗争中,美国政府应该支持陆军。二是目前陆军虽然与美国有诸多方面

---

① *FRUS*,1964—1968,Vol. XXVI,p.350.

的利益冲突,但是陆军和苏联之间同样存在诸多的利益冲突。三是美国政府必须承认,美国目前对于印尼的影响力还是非常微弱的。多年来美国与印尼为敌,印尼民众、团体和组织也很难很快地对美国产生正面印象。但美国可以为印尼提供适当规模的隐蔽援助。四是随着时间的流逝,印尼可能建立一个真正的没有政治偏见的政府,这个政府会意识到印尼的国家利益和美国的国家利益是和谐而不是相互冲突的,如此,过去这些年美国对于印尼军官的军事训练和对于相关民间的援助项目便会收获"果实",这个过程只能顺其自然地发生,任何拔苗助长的办法都会起到适得其反的作用。①

## 二、 关于援助细节的商讨

1965 年 11 月 3 日,印尼工作组在柯塞尔的办公室举行第二次会议。出席会议的有来自国务院的柯塞尔、

---

① *FRUS*,1964—1968,Vol. XXVI,p.350.

伍德希尔和古兹彼得，来自国防部的努西特莱茵、来自白宫的汤普森（James C. Thomson，Jr.）、来自中情局的一位成员①以及其他若干相关人员。

　　会议讨论的主题是苏肯德罗、纳苏蒂安外交使者提出的关于医疗物资、技术性通信设备、大米、小型武器的援助请求，这些援助将协助陆军在接下来的几个月中针对印尼共的后续行动。由于苏肯德罗提出的援助请求项目带有若干不明确之处，国务院责成大使馆核实苏肯德罗是否全权代表纳苏蒂安；如果情况属实，大使馆方面应提出美国政府是否应该同意援助中的部分或全部要求。会议召开的时候，还没有得到大使馆方面关于此方面的回复。同时，10 月 29 日由国务院和国防部共同提出的要求评估印尼共发动武装暴动时印尼陆军需要何种军事援助的电报也没有得到回复。与会人员讨论了没有任何附加条件就给予印尼陆军医疗物资、经济和军事援助是

① 该人员名字未解密。

否符合美国的国家利益。国务院认为苏肯德罗提出的请求是在美国政府在多大程度上愿意提供援助以及这种援助是否拥有附加条件之间打入了楔子。国防部和白宫方面认为美国政府应该主动不附加任何条件地支持印尼陆军清洗印尼共的努力，这是重要的，也是苏肯德罗提出援助请求的基础。最后与会人员同意，苏肯德罗应被告知华盛顿正在积极考虑他的请求。如果从雅加达大使馆获得纳苏蒂安支持苏肯德罗请求的回复，那么印尼联合工作组将会决定援助的具体款项以及美国政府支付费用的比例。①

此次会议还详细讨论了与日本政府召开高级别会议来争取日本政府对印尼陆军的支持的设想。问题在于日本政府现在还与苏加诺政府合作，而目前尚不能确定苏加诺能否被说服与印尼陆军一道打击印尼共。会议认为，日本政府已经逐步从苏加诺政府的迷惑中清醒过来，

---

① *FRUS*，1964—1968，Vol. XXVI，pp.351 - 352.

转向支持陆军是有可能的。国务院将会寻求与日本政府建立高级别沟通渠道的可能性。与会人员还同意将泰国列为援助计划的组成要素之一，缘由在于泰国与印尼关系良好且泰国可以成为援助的过渡点。[①]

此外，联合工作组收到了派遣至印尼的通信设备专家的调查报告，结论是印尼陆军所需的援助规模并不大。如果后续的隐蔽援助涉及大规模的资金需求，国防部会处理此项事宜。下次联合工作组会议将在 11 月 10 召开，但如果中途苏肯德罗提出紧急要求，会议将被提早召开。[②]

到 1965 年 11 月初，美国政府对于苏哈托有了更深一步的了解和掌握，这对于美国政府商讨援助事宜是必要的信息补充。11 月 4 日，格林在向国务院发的电报中指出，苏哈托是陆军真正的掌权人，拥有自己的战略意图并直接和苏加诺会面；纳苏蒂安与苏哈托有着密切的联系，并为苏哈托提供建议。纳苏蒂安和苏哈托达成默契，

---

① *FRUS*，1964—1968，Vol. XXVI，p.352.
② *FRUS*，1964—1968，Vol. XXVI，p.353.

他们两人之间不会被打进楔子,纳苏蒂安和雅尼之间嫌隙的产生是前车之鉴。[①] 苏哈托最近与苏加诺进行了一次 3 个小时的长谈,苏哈托想说服苏加诺印尼陆军对于印尼共采取的坚决措施是正确和必要的。苏哈托似乎获得了苏加诺的支持,但苏加诺的这种支持是真是假还不能确定。随着权势日益增长,苏哈托日益成为印尼政治和军事中炙手可热的人物。此外,美国政府认为,在后苏加诺时代,纳苏蒂安可以获得穆斯林团体良好的支持。同时,如哈他(Hatta)、亚当·马利克(Adam Malik)等与陆军保持密切联系的人物极有可能在后苏加诺时代存活下来。格林同时指出,已经可以确定苏肯德罗可以完全代表"苏哈托—纳苏蒂安"集团。苏肯德罗目前尤其关心大米援助事宜,特别强调大米不能通过私人企业提供。

　　格林相信美国与印尼陆军之间已经埋下对话的种子,这颗种子需要精心的浇灌,但不能过于心切,如此种

---

① *FRUS*,1964—1968,Vol. XXVI,pp.353 – 354.

子在未来必能开花结果,给美国和印尼的未来关系构建带来利好。[①] 格林认为,苏肯德罗代表"苏哈托—纳苏蒂安"集团传递信息的角色是完全可信的,他建议国务院对于印尼陆军进行有限的隐蔽援助,尤其医疗物资的援助是成本极小但又极具长期回报价值的一项援助。虽然印尼陆军对于美国和印尼之间关系的政治观点、意图和态度还有待进一步了解,但苏肯德罗表示他高度赞赏美国对于印尼局势的关切。苏肯德罗清楚地向美方表示:印尼陆军目前的首要任务是清除印尼共、苏班德里奥等力量,在这个目标达成之前,印尼陆军无法改变国家的外交政策。苏肯德罗同时表示,印尼陆军致力于实现美国与印尼之间关系的正常化,而这种正常化会在印尼共、苏班德里奥等现行外交政策制定者被清除后自然而然地发生。

11 月 5 日,美国驻泰国大使馆成员与苏肯德罗会

---

① *FRUS*, 1964—1968,Vol. XXVI,p.356.

面。由于苏肯德罗要赶赴仰光，所以此次会面时间较短。在会面的前一天，美国国务院告知美国驻印尼和泰国使馆，美国政府已经同意了对印尼的医疗物资援助。苏肯德罗对于他代表印尼陆军提出的援助请求能够得到美国政府的积极回应甚感愉悦。双方就医疗物资的隐蔽援助方式进行了讨论，苏肯德罗的医生苏曼特里（Achmad Soemantri）上校审校了医疗物资的援助清单。在会谈中，苏肯德罗特别强调了印尼陆军希望美国政府援助武器和通信设备的意愿。苏肯德罗建议费尔曼（Firmansjah）上校下周早些时候抵达曼谷，以磋商小型武器援助的事宜。苏肯德罗同时说苏比安托（Soebianto）上校会在周一抵达，他会带着印尼陆军所需的通信设备清单，他同时提出希望美国政府能够给中爪哇省的穆斯林团体和民族主义青年军提供一些小型武器，这样有助于开展对印尼共的行动。美国外交人员对此态度慎重。[①]

---

① *FRUS*，1964—1968，Vol. XXVI，pp.359 - 360.

## 第二节　美国政府隐蔽援助方案的制定

美国政府在经过利弊权衡后,认为通过隐蔽援助方式给予陆军支持是可行的。从某种程度上说,隐蔽援助是约翰逊政府支持印尼陆军的最佳方式:一方面,隐蔽援助方式可以撇清美国干涉印尼内政的口实,避免与其他在印尼有较多利益的国家产生直接冲突,同时在约翰逊政府把主要精力放在越南战争的情况下,可以让美国政府以最小的成本获得最大的回报;另一方面,美国国会和公众对于苏加诺政府在总体上持负面评价态度,隐蔽援助方式可以阻断美国国会政治精英和大部分公众对援助行动情况的具体掌握,从而减少国内在财政、舆论和选举方面对于约翰逊政府的制约和压力。

## 一、美国提供隐蔽援助的必要性与总体方案

印尼陆军领导人是在与印尼共斗争和苏加诺政府角力的过程中，向美国提出的援助请求。问题在于，印尼陆军现在还没有成为合法政府，或是一股值得美国信赖且具有持续性的政治力量。美国政府认为，在向印尼陆军提供任何公开的援助之前，对于陆军这股政治力量的政治立场、持续性、合法性以及实际的控制能力必须做一个精确地评估。只要苏加诺与陆军仍处于有力的角力之中，那么印尼陆军成为合法政府就还需假以时日。因此，隐蔽援助是美国政府在当前阶段给予陆军支持的可接受的方式。就美国对印尼陆军进行隐蔽援助的必要性来讲，主要表现为以下几个方面：

一是从支持印尼陆军打击印尼共力量的角度讲，在关键阶段给予支持是约翰逊政府自认为应该做的事。印尼陆军领导人想借助目前印尼政治安全形势的不确定性摧毁印尼共力量，以及阻断任何信仰共产主义的后续政

党的出现。在印尼外岛,当地陆军指挥官已经采取直接行动打击印尼共。陆军自信能够在印尼共的武装暴动变得严重前将其粉碎。在中爪哇省,印尼陆军对穆斯林青年开展军事训练并提供武器,将他们派往与印尼共对抗的前沿阵地。在雅加达,印尼陆军限制了印尼共高级领导者的行动自由,而没有对其展开直接行动。一般的印尼共成员则遭到逮捕、监禁或处决。对于苏班德里奥,陆军没有采取直接攻击的办法,而是在幕后主导其他团体攻击和损毁苏班德里奥的形象,达成目标需要更多的时间。①

最近美国方面获得的印尼共方面的情报源暗示印尼共已经放弃对苏加诺利用政治手段扭转局势的希望;印尼共已经决定,力量不足、组织不完善或是准备不充分等因素都无法阻止其坚决回击印尼陆军的决心。尽管印尼陆军相对于印尼共在军事力量上存在绝对优势,但印尼

① *FRUS*,1964—1968,Vol. XXVI,pp.361 – 363.

共根基深厚、成员广泛存在、利用舆论宣传工具培植的大量民众信仰者和支持者等因素仍使印尼陆军面临着持久的斗争形势。中爪哇省的形势尤为严峻,可靠的消息显示印尼共将在这个地区发起较大规模的反击,并在此区域建立根据地。随着印尼陆军逐步成为印尼的主要政治力量,印尼民众会把发展印尼经济、改善民生的期望从苏加诺身上转移到印尼陆军方面,而苏加诺掌权时期印尼在经济发展方面的长期积弊不是短时间可以改变的。在这种情况下,印尼共如果能够在爪哇省中部和苏门答腊西部地区建立起用于反抗斗争的小型根据地,则能够对印尼陆军发起持续的袭扰和破坏活动。因此,从持续打击印尼共力量的角度讲,约翰逊政府需要对印尼陆军进行持续的援助。①

　　二是印尼陆军要从与苏加诺政府的政治角力中最后胜出,美国的援助也是必要的。印尼陆军目前还需要继

① 　*FRUS*,1964—1968,Vol. XXVI,pp.361 - 363.

续寻找与苏加诺之间的关系处理之道,与苏加诺过早决裂并不符合印尼陆军的利益,一旦关系破裂,苏加诺可能从政治上否定印尼陆军的合法性;在与印尼共依然存在斗争的情况下,印尼陆军最终掌权还没有取得万无一失的可能,苏加诺的支持也是需要的。从这个角度讲,约翰逊政府的援助可以增加印尼陆军与苏加诺政府角力的资本。①

三是从争取民众支持的角度考虑,印尼陆军需要美国政府的援助。当前阶段印尼陆军急需民众的支持,为此,陆军开动了战争心理宣传机制,控制媒体舆论以影响民众观点,破坏和阻断印尼共的舆论宣传。陆军对若干民众群体作了重点动员,尤其是穆斯林群体。但在印尼共能够发起反抗斗争的区域,如中爪哇省,印尼陆军并不能完全保护那些与印尼共或印尼共支持者做斗争的人员。如果这种趋势持续,那么印尼陆军在这些地区的支

---

① *FRUS*,1964—1968,Vol. XXVI,pp.361 – 363.

持度会下降。从争取民众支持的角度讲，如果约翰逊政府能够给印尼陆军输送物资，不论这部分物资被陆军用来改善民生还是鼓动相关团体打击印尼共，都会起到可见的效果。[①]

印尼陆军在未来能否控制或清除苏加诺现在还不能确定，但有两点是明显的：一是印尼陆军不会倒向亚洲共产主义阵营，但会有民族主义倾向（还会有马克思主义者和反西方人士），印尼陆军会偏向持中立立场，会以关注印尼内部事务为主；二是在事关生存的斗争中，陆军领导人对于美国对援助请求的回应以及援助实际情况的感知，会对印尼陆军未来处理与美国和西方国家关系的立场产生重要影响。[②]

有鉴于此，约翰逊政府认为对于印尼陆军提供援助是可行的，也是必要的，只要这种援助不让印尼陆军或是美国政府处于"尴尬"的境地。同时，在向印尼陆军提供

① FRUS，1964—1968，Vol. XXVI，pp.361-363.
② FRUS，1964—1968，Vol. XXVI，pp.361-363.

援助之前，有必要通过与苏肯德罗及其联系人、与纳苏蒂安的副官沟通，确认印尼陆军为什么需要额外的武器，他们打算如何使用这些武器，把这些武器给谁，他们打算如何控制武器的发放与注册，如何控制接收到这些武器的群体。约翰逊政府认为弄清楚上述问题是十分必要的。

从一定程度讲，如果印尼陆军坚持向美国政府要求援助武器和通信设备，哪怕是陆军满足了约翰逊政府的细节要求，约翰逊政府依然要遭受一定的政治风险，同时对武器的流向也没有完全的掌控力。但是如果约翰逊政府没有在当下满足印尼陆军的援助要求，那么就需要冒一个更大的风险，这个风险在于：一旦约翰逊政府回绝了陆军的要求，这对于陆军掌权后的政治立场必定有重要影响，进而对印尼和美国的关系带来负面作用，损害美国在印尼的国家利益。从总体上讲，约翰逊政府认为对印尼陆军的有限援助都应该进行，这是为未来印尼与美国关系的良性发展打下一个必要的基础；此外，不论是为印尼陆军提供一定的购买资金，还是通过隐蔽渠道输送武器,这都在约翰逊政府的能力范围之内。

11 月 10 日,苏肯德罗与美国驻泰国使馆副帮办威尔逊(James M. Wilson,Jr.)会面商讨援助事宜。在会面之前,苏肯德罗的指派人阿西马德上校与美国方面确定了药品援助的细节,该细节由苏肯德罗再次确认。[①]苏肯德罗对于约翰逊政府在药品援助方面的积极回应表示愉悦。苏肯德罗称其已向纳苏蒂安和苏哈托汇报了运输援助药品的详细安排。苏肯德罗再次提及印尼对于通信设备援助的请求,提示印尼陆军作了最好的期望和最坏的打算,他明确了三个用途的通信设备,而其中前两类是印尼陆军极其需要的:第一,印尼陆军领导人目前缺少移动的语音通信设备,这对于雅加达区域一个领导人与另外一个或两个领导人之间进行对话沟通是极其必要的,此种类型的通信设备需要十几套,分别配给于纳苏蒂安、苏哈托、乌马尔(Umar)、苏肯德罗和其他高级将领,

---

① *FRUS*,1964—1968,Vol. XXVI,p.364.

加上一个突击营和市区的一个护卫营。第二，印尼陆军需要美国构建一个能够连接雅加达、棉兰、巨港（Palem-bang）、万隆（Bandung）、三宝垄（Semarang）、泗水、望加锡（Makassar）和班德尔马辛（Bandjermasin）司令部之间的通信网络。印尼陆军现在还没有远距离的通信网络，美国援助的网络将用来完善陆军目前的军用通信系统、商用电话系统和电报系统，以备在紧急事态发生时能够快速做出反应。由于在"九三零"事件及其后续过程中大量的通信设备被破坏，陆军对于此种通信网络的需求显得尤为急切。苏肯德罗表示，"九三零"事件以来印尼国内的情势发展使陆军高级将领明显感到可用通信设备的不足，这对于雅加达地区高级将领的人身安全造成了重大隐患。在瞬息万变的情势中，陆军将领觉得目前的通信系统极易被窃听，并不可靠，因此在这种背景下美国的通信设备援助对于陆军来讲意义重大。第三，应中爪哇省地区作战指挥官苏比安托上校提出的要求，战术作战单元之间需要有效的通信设备，但苏肯德罗对于第三类的通信设备没有提出明确的后续要求。①

值得一提的是,印尼陆军并没有足够的资金(约 4 万至 5 万美元)来购买以上苏肯德罗提出的印尼陆军急需的通信设备。② 如果美国决定对印尼陆军进行援助,那么援助的方式只能以隐蔽购买和隐蔽运输方式进行。苏肯德罗确信印尼陆军有能力来接受和安排这批设备。美国驻印尼大使馆强烈建议国务院提供这笔援助,因为这对于陆军在与苏加诺及其支持者的力量平衡中取得优势是极其重要的。


## 二、 美国隐蔽援助方案的制定

隐蔽援助的内容主要包括通信设备和大米两项。美国政府通过权衡利弊认为,通信设备的援助是迫切和必要的,但大米援助并非是刻不容缓的事情。此外,美国政府对马利克主导的民间反印尼共团体给予了一定的经费

---

① 　*FRUS*，1964—1968，Vol. XXVI，p.365.
② 　*FRUS*，1964—1968，Vol. XXVI，p.366.

支持。

1. 通信设备的隐蔽援助方案。此次援助行动的目的在于确保印尼陆军关键领导人在与印尼共力量进行斗争的过程中拥有足够的通信设备。提供这些设备的主要目的在于增加印尼陆军中反印尼共的重要领导人的人身安全保障系数,同时提升印尼陆军致力于扫除印尼共力量的有效性。[①]

由相关印尼陆军领导人提出的关于通信设备的援助请求得到美国驻印尼大使的支持,同时得到国务院远东事务局的认可。印尼陆军领导层内部对于印尼共的态度和立场并不一致,部分领导人对印尼共持同情立场,因而现有的通信设备难以满足印尼陆军当下的形势需求。该批通信设备的提供能够维持印尼陆军各部门之间、印尼陆军相关部门与其他反印尼共部门、印尼陆军与美国相关部门之间联系的稳定性和持续性。

---

① *FRUS*,1964—1968,Vol. XXⅥ,pp.368 - 371.

1965 年 10 月 13 日以来的若干实践表明,印尼陆军中反印尼共领导人内部通信设备不足,致使自身安全受到威胁,同时给该部分领导人之间、反印尼共领导人与美国政府之间的沟通带来困难。印尼陆军部分领导人提出,他们之间需要独立的信息沟通设备。由于苏加诺的相关支持者仍然占据政府要职,同时苏加诺本人也为了恢复到以前的权势在做极大的努力,印尼局势目前仍然充满诸多不确定性,苏加诺在 11 月 6 日对内阁的讲话中,指责美国前驻印尼大使霍华德·琼斯给予某个印尼人(Certain Indonesian)1.5 亿卢比用来在印尼散播西方国家的意识形态。① 约翰逊政府认为,领导人自身的人身安全以及他们家人的人身安全受到恐吓、绑架等方面的威胁,这对印尼陆军清除印尼共力量、打击苏加诺政权、阻止印尼情势恢复到"九三零"事件之前的行动目标是不利的。同时,纳苏蒂安、苏哈托、乌马尔和其他若干

---

① 　*FRUS*,1964—1968,Vol. XXVI,p.374.

领导人面临暗杀风险,他们需要在常规的通信渠道之外拥有独立的沟通网络。

通信设备专家和美国驻雅加达工作组对这一情况进行了确认。此外,印尼陆军缺乏资金购买这批设备,援助必须以隐蔽方式尽快进行。1965 年 11 月 5 日,303 委员会通过了对于印尼进行药品紧急援助的建议,此次,国务院和国防部希望委员会基于印尼局势的紧急性,对通信设备的援助方案予以通过。

约翰逊政府认为,虽然在通信设备的运输过程中存在若干风险,但通过谨慎的运输行为把设备送至接收人的手中可以把这种风险降至最低。同时,除非美国解除出口许可证管制,否则印尼陆军无法通过公开购买的方式购得这批武器,这也暗示美国政府需要在这件事情上与印尼陆军做出隐蔽安排。如果此次援助行为的任何细节公之于众,则会使美国政府和相关印尼领导人处于尴尬的不利处境。美国政府认为,苏肯德罗须安排一个有资质的高级军官接受美国的训练来使用这些通信设备。①

　　不知出于何种原因，一向支持对于印尼陆军尽快实施援助的美国驻印尼大使馆在这个阶段表现得异常谨慎。11月19日，格林向国务院发电报称，美国政府向印尼陆军进行的援助计划必须格外地小心谨慎。不论在什么情况下，在对印尼陆军施以援手前，约翰逊政府都要确信陆军是在坚定地反对苏加诺政府，至少约翰逊政府的援助不能让苏加诺受益，因为苏加诺名义上还是印尼国家和政府的领导人。格林认为，美国在印尼问题上应保持低调，不应给国际社会和印尼国内留下美国干涉印尼内政的印象。约翰逊询问美国对于苏加诺政府的公开援助（包括军事援助）是否都已经停止，格林回复是的。格林进一步建议，在印尼政治安全形势恢复到有序之前，美国的经济援助都不应该进行。苏加诺已经公开表示反对美国的任何援助，印尼陆军高层也表示目前的经济援助

---

① *FRUS*，1964—1968，Vol. XXVI，p.370.

只会对苏加诺有利。① 国务院认为,印尼未来的新政府需要国际社会帮助来重建国内经济,但印尼现政府几乎断绝了与所有国际组织的来往,这是个不利因素。约翰逊政府认为印尼应该加入那些能够帮助印尼发展经济的组织,如亚洲发展银行。

格林认为,目前关于印尼陆军是否、何时以及怎样反对苏加诺的具体情况还不清楚。只要苏加诺还拥有权力,那么陆军和反印尼共力量还是会倾向于保持反帝国主义和反殖民主义的政策倾向,外在表现形式就是与马来西亚的对抗以及反西方国家的姿态,虽然在陆军有实力与苏加诺取得权力平衡的情况下这种倾向会趋弱。同时美国政府也预见到,由于陆军与苏加诺政府之间的斗争,印尼的混乱局势会进一步加剧,经济发展不存在任何有利条件,直到一方将另外一方驱逐。

虽然从长远看,美国政府可以在印尼获得更好的国

---

① *FRUS*,1964—1968,Vol. XXVI,p.374.

家利益,但从短期来讲,这种可能性并不存在。同时,苏加诺有可能发起反击。因此,大使馆对国务院的建议是:其一,约翰逊政府不能采取任何使苏加诺和苏班德里奥集团获益的做法;其二,在清楚地知晓印尼陆军的政治和经济计划前,不能给印尼陆军大规模的援助。小心的有限的隐蔽援助是不同的。①

　　2. 关于对印尼的紧急大米援助。12 月 13 日,美国政府远东地区事务主任布劳因告知副助理国防部长佛莱德曼:美国驻印尼大使格林称,有越来越多的印尼政府官员向美国政府提出紧急大米援助的请求,来帮助印尼渡过未来几个月在经济方面的困难以及协助印尼陆军克服在经济方面的短板,维护陆军在政治方面取得的成果。②格林询问了国务院的意见,即向印尼提供出口许可证以向印尼提供美国或第三个国家的大米是否具备可行性;如果美国政府为了支持印尼陆军的立场而需要向陆军提

---

① *FRUS*,1964—1968, Vol. ⅩⅩⅥ, p.374.
② *FRUS*,1964—1968, Vol. ⅩⅩⅥ, pp.383-384.

供迅速的和有效的援助,隐蔽方式是否可行,如果不行,有没有替代的办法。格林同时也提到,新近由苏哈托任命的陆军高级行动指挥部(KOTI)经济组的负责人阿西马德将军(General Achmad)向美国方面表示,印尼陆军希望约翰逊政府通过泰国或缅甸向印尼提供隐蔽性的大米援助。①

国务院回复格林称向印尼提供隐蔽性的紧急大米援助不具备可行性,印尼的政治形势目前依然扑朔迷离,对于印尼的大米援助可能对"苏加诺—苏班德里奥"集团而非军方有利。同时,国务院表示,即使向印尼提供紧急大米援助也不能就事论事,而应与印尼对于越南的态度、印尼对美国石油资产国有化等问题联系起来讨论。虽然国务院对于大米援助事宜留有余地,但显而易见的是,约翰逊政府并不想在大米援助方面立刻施以援手,同时一旦进行援助,必须有明确的附加条件。②

---

① 　*FRUS*,1964—1968,Vol. XXVI,pp.388 - 390.
② 　*FRUS*,1964—1968,Vol. XXVI,pp.394 - 395.

布劳因认为,在接下来的时间内,约翰逊政府肯定会接收到来自印尼陆军领导层坚定的援助请求,国防部应该准备预案以便与国务院讨论。布劳因认为,对于陆军的紧急援助是极其必要且不应当犹豫不决的。短期援助可以和长期援助分开讨论,但不应该有附加条件,如要求印尼停止与马来西亚的对抗。同时,美国应该停止向印尼方面警示撤出在印尼的美国石油公司的计划。此外,虽然隐蔽的金融援助太冒风险,但是印尼陆军如果可以想出不令彼此尴尬的做法,约翰逊政府也可以加以考虑。①

时间进入到 1965 年 12 月 2 日,格林向国务院发电报表示,同意国务院关于向马利克提供 5000 万卢比的经费用来清除"九三零"事件带来的影响。在美国政府看来,马利克是个坚定且可靠的反共产主义者。近年来印尼出现的第一次反印尼共的政治行为和运动中,马利克是组织者之一。在 1964 年 9 月 17 日至 11 月 5 日,适逢

---

① *FRUS*,1964—1968,Vol. XXVI,pp.383 - 384.

苏加诺出国访问,雅加达的媒体上出现了攻击印尼共的言论,马利克告诉时任美国驻印尼大使琼斯,他主导的反印尼共行动得到了印尼唯一合法穆斯林政党伊联、印尼民族主义党右翼、政府和其他政治党派底层人员的支持。美国政府在获知这一消息时深感欣喜。"九三零"事件发生后,马利克主导的敌对运动已经成为陆军反印尼共行动的重要部分,从结果来看,格林认为马利克等人的行动是卓有成效的。这场由陆军发动,但由非军方人士组成的运动主要在中爪哇省进行。马利克并非是运动的负责人,但他是关键的建议提供者和推进者,同时此人在努力寻找资金来源渠道。格林认为,约翰逊政府向马利克提供的资金有利于在马利克主导的群体中建立起良好的印象,即约翰逊政府既支持马利克,也支持陆军,这对于约翰逊政府与马利克、印尼陆军之间构建起良好关系是极有裨益的。[①]

---

① *FRUS*,1964—1968,Vol. XXVI,pp.379 - 380.

# VI

第六章

## 印尼新政治格局形成与
## 美国隐蔽行动浮出水面

"九三零"事件发生两个多月后,苏加诺政府已经无力扭转印尼政治安全发展的趋势,陆军撇开苏加诺政府开始另起炉灶,陆军高级行动指挥部(KOTI)已具备准政府的功能。到 1966 年 3 月,"九三零"事件引发的印尼政治权力斗争与政治格局转换基本尘埃落定,美国隐蔽援助行动也逐渐浮出水面。


## 第一节　印尼三足鼎立政治格局的瓦解


　　1965 年年底,印尼的政治局势继续朝着右倾方向发展,印尼陆军在持续性的权力斗争进程中积累了政治经验且进一步巩固了自身的地位;印尼共已不再是印尼国内的主要政治力量之一;此外最引人注目的变化是,苏加诺的政治地位进一步弱化,其在 1965 年 11 月中旬试图重新夺回主导权力的努力已告失败,苏加诺的失败预示着未来几个月印尼的权力格局将发生更深刻的变化。

## 一、 美国政府关于印尼局势的判断

1965 年 12 月中旬，中情局情报办公室就苏班德里奥的政治状况做了一个分析，认为他是苏加诺政府与陆军关系走向的一个风向标。如果苏加诺认为苏班德里奥已经不能顶住来自陆军的压力，那么苏班德里奥将很快在苏加诺政府中失势。如果苏班德里奥依然留任现职，表明苏加诺手中依然掌握与陆军抗衡的若干砝码。美国副国务卿鲍尔对印尼的局势发展甚感乐观。他认为，印尼陆军打击印尼共的行动迅速、干脆，苏班德里奥已经时日无多，苏加诺很快将流亡海外，印尼即将出现一个新的政府。虽然鲍尔对印尼局势的估计过于理想化，但"苏加诺—苏班德里奥"的联合阵线已经无法扭转苏加诺政府失势的局面。苏加诺政府的走向呈现出以下几条发展脉络：

第一，苏加诺的神圣国父形象继续遭到严重损害。综合各方面的情况看，苏加诺已经不再是印尼国内政治发展的主要影响因素。印尼的主要报纸和街头小报开始对苏加诺的神圣国父形象进行攻击,越来越多的民众不再相信和支持苏加诺在国内推行社会主义的做法以及苏加诺政府与亚洲社会主义国家结盟的做法。印尼陆军将领已经将苏加诺的指令当耳旁风,这在三个月前是不可想象的。[1]

第二,苏班德里奥已经被剥夺了大部分权力。他负责的印尼情报部门 BPI 不再归他管控,而是置于陆军高级行动指挥部的管控下。在以前也是苏班德里奥掌控的外交部门,其副手苏维托(Suwito)已经不再忠诚于他。[2]

第三,陆军高级行动指挥部已经发展成为一个功能日趋齐备的准政府。纳苏蒂安、苏尔坦(Sultan Hamengku Buwon)、拉斯兰(Ruslan Abdulgani)被任命为陆军高级行动指挥部副总司令,分别负责军事、经济和政治事务,这是与苏加诺政府分立而行的第一步。在三个副总司令

---

① *FRUS*,1964—1968,Vol. XXVI,p.388.

② *FRUS*,1964—1968,Vol. XXVI,p.388.

下设有负责各领域政府事务的分支机构和组成人员。[1]

第四,陆军的内部向心力稳固。苏哈托和纳苏蒂安集团能够对中下层的关键军官保持有效的指挥力,印尼陆军不论在城市还是偏远地区都占据了主导地位。[2]

第五,中间派开始掌控印尼民族主义党(Nationalist Party),苏加诺对党内左翼派系的支持无法维系阿里(Ali)和苏拉希曼(Surachman)的领导地位。这从另一个方面显示了印尼权力重心的转移。[3]

第六,既有的苏加诺政府的外交政策开始失去公信力。约翰逊政府认为,印尼与马来西亚之间冲突的舆论氛围也开始转向,苏加诺政府的外交路线开始失去支持和影响力。[4]

最后,印尼开始重新与美国进行商业贸易往来。很

---

① *FRUS*,1964—1968,Vol. XXVI,p.399.
② *FRUS*,1964—1968,Vol. XXVI,p.399.
③ *FRUS*,1964—1968,Vol. XXVI,p.399.
④ *FRUS*,1964—1968,Vol. XXVI,p.340.

明显印尼陆军高层已经对印尼和美国之间的关系做出了明确的调整指示。美国驻印尼大使馆收到了 1965 年早些时候因民众示威游行而对棉兰和泗水领事馆造成的损坏的赔偿，这是美国政府自 1962 年以来收到的第一笔补偿款。两名大使馆武官早先被没收的私人房产已经归还，美国教科书重新在印尼大学里使用。

虽然印尼局势发生了上述关键性转变，但苏加诺目前仍是印尼国家元首，陆军还不能将他直接移除。尽管苏加诺已失去实权，但其依然试图在不利形势中找到有利契机，而苏加诺的这种做法令陆军十分不悦。约翰逊政府认为，不论怎样，苏班德里奥已经出局，印尼的权力重心越来越转移到陆军以及支持陆军的文职官员手中。未来成立的新政府可能存有诸多缺陷，其中最重要的是专业技术人员的缺乏，但这并不妨碍约翰逊政府与印尼新政府间就双方共同关心的议题进行探讨。12 月 15 日，美国驻印尼大使和德国、澳大利亚驻印尼大使讨论了印尼外交办公室北美事务主任赫尔米提出的经济援助请求。①

## 二、 美国在印尼陆军清洗印尼共行动中的隐蔽角色

随着时间的推移，印尼共力量遭到彻底地清洗。
1965 年 11 月 16 日，印尼独立支持者协会青年分支机构
（Pemuda Pantjasila）的两个军官分别告诉美国驻棉兰领
事馆的官员，他们的组织会处死每一个被抓住的印尼共
成员。该组织于 11 月 14 日发表声明称，他们不会考虑
苏加诺和其他领导人发出的保持冷静、恢复秩序的号召，
该组织抓获的印尼共成员不会交给合法政府，除非他们
已经死亡或接近死亡。当地穆斯林领导人将他们与印尼
共之间的斗争称为"圣战"。印尼独立支持者协会青年分
支机构的相关领导者称如果苏加诺政府不在印尼全国禁
止印尼共的组织行为，其自身将被推翻。棉兰领事馆从
其他渠道获知苏加诺由于不愿意禁止印尼共的组织活

---

① *FRUS*，1964—1968，Vol. XXVI，p.385.

动,印尼国内对苏加诺的敌意情绪正在增长。<sup>①</sup>

值得注意的是,在整个"九三零"事件中,关于美国驻印尼大使馆是否编制了印尼共成员的名单,以及是否把这些名单提供给反印尼共组织和印尼陆军领导人是有争议的话题。美国政府的说法是,其在"九三零"事件中的作用主要是协助苏哈托集团夺取政权,而与印尼陆军主导的对印尼共成员的大规模屠杀则没有任何关联。从表面上,美国政府没有卷入具体实践的策划和实施,但从解密文件看,美国政府是事件的真实参与者。

1990年,有记者采访了美国驻印尼使馆前官员罗伯特·马腾斯(Robert J. Martens),随后在《华盛顿邮报》上发表了一篇文章,标题为《美国官员的名单帮助了60年代的印尼血腥屠杀》。1990年6月2日,马腾斯给《华盛顿邮报》写了一封信,他在信中写道:"从'九三零'事件发生到苏加诺政府倒台的6个月的混乱时期内,我向非

---

① *FRUS*,1964—1968,Vol. XXVI,p.367.

共产党力量提供了印尼共领导、骨干成员名单的事是真实的。""问题的关键点在于，我提供的整份名单（我再次强调是整份的名单）来源于印尼共媒体，这是每个人都看得见的。这是关于印尼共的一个高级骨干网络，是350万印尼共党员中的几千人。"马腾斯强调名单上的这些人不是印尼共的普通成员（not party rank and file），同时他指出："我自己决定把这些名单交给非共产党力量，美国驻印尼大使马歇尔·格林或其他大使馆官员都没有要求或授权我这么做。"马腾斯指出，美国驻印尼使馆并不存在《华盛顿邮报》所讲的花了2年的时间来编制名单的专门团体或工作组。①

　　1965年12月17日、1966年3月11日和1966年8月10日，美国驻印尼使馆向国务院发了三份电报，里面包含印尼共成员的名单。1965年12月17日，编号A-398的电报附件中包含了印尼共领导成员的名单，该电

---

① *FRUS*，1964—1968，Vol. XXVI，pp.386 – 387.

报由马腾斯起草,他告知国务院,大使馆方面收到了很多关于重要印尼共领导人被捕的报告,尽管这些报告通常是基于可疑的证据。编号A–398电报所包含的印尼共成员名单由两部分组成:第一部分是印尼共公开的非机密领导人员名单,包括中央政治局、中央委员会等机构或部门成员的名单,共包括95个职位的67名成员;第二部分是编制而成的名单,共有18名成员。1966年3月11日,美国驻印尼大使馆向国务院发了编号A–564的电报,附件包含了80名印尼共领导人员名单以及他们的职位。1966年8月10日,大使馆向国务院发了编号A–74的电报,附件包含15名印尼共高级领导人名单、4名已死亡印尼共高级领导人名单,以及20名被监禁的印尼共领导人和印尼共普通成员的名单。①

除了马腾斯外,来自美国政府其他前官员的采访和证词也确认了约翰逊政府牵涉进印尼陆军对印尼共成员

---

① *FRUS*,1964—1968,Vol. XXVI,pp.386–387.

的大清洗中。中情局远东部的前官员科尔比(Colby)指出,在20世纪60年代早期,中情局并没有搜集到印尼共领导人员的完整名单,这在情报系统内被指为工作不到位,中情局认为,没有印尼共领导人的名单,工作将很盲目。

从上述情况可以看出,虽然美国政府没有承认其在印尼陆军清洗印尼共行动中扮演的角色,但美国政府以提供人员信息等方式直接或间接地卷入到印尼陆军对于印尼共力量清洗的进程中。

## 三、 美国隐蔽援助走向公开化的影响因素

约翰逊政府总体上认为,印尼陆军取代苏加诺政府执政有利于美国国家利益。陆军的政策会有别于苏加诺政府,与苏加诺政府与社会主义国家结盟不同,陆军将会奉行不结盟政策。陆军是印尼国内最强有力的反共产主义力量,但陆军会需要一个文官政府,为此,陆军极有可能组建军方、民族主义者、宗教界和其他相关人员联合组

美国与印尼"九三零"事件

成的政府。这个政府可能是中立的,也可能是亲西方的,但不论怎样,美国影响印尼政策的机会窗口已经打开,可以为增进美国利益服务。

1965 年 12 月 30 日,美国参谋长联席会议讨论了关于对印尼的援助事宜。[①] 会议认为,美国驻印尼大使馆新近传来的消息显示,苏加诺在 1966 年 1 月 1 日后可能下台,届时印尼需要美国进一步的援助。

约翰逊政府认为,如果届时印尼陆军要求美国政府提供经济援助,其中的食品援助可以通过公开方式进行;规模不大的军事装备援助也可以通过公开方式进行,这些装备主要包括弹药、便携式对讲机、轻自动武器、汽车,也还可能包含一些 C‒130 和 C‒47 飞机的备用零件。此外,印尼陆军还可能需要一些训练援助。[②] 从此处可以看出,随着印尼国内政治格局的发展趋向渐趋明显,约翰逊政府在援助事宜上已经显现出半公开的意愿。

---

① *FRUS*,1964—1968,Vol. XXVI,pp.391‒392.
② *FRUS*,1964—1968,Vol. XXVI,p.391.

然而,在局势发展仍然存在不确定性的情况下,仍有若干因素对约翰逊政府对印尼陆军立刻提供显性援助形成不利条件,其主要包括:一是印尼陆军的地位还没有百分百稳固,如果现在美国提供公开性的军事援助,就给苏加诺、苏班德里奥和苏联提供谴责的借口,约翰逊政府担心印尼在舆论上被指责为美国帝国主义实现外交政策目标的工具。二是印尼目前没有放弃"粉碎马来西亚"政策,这对于美国和英国在此区域的国家利益不利。有一点显而易见,如果印尼和马来西亚之间的关系缓和,英国可以降低在马来西亚和新加坡的军事投入成本,同时印尼与马来西亚关系的缓和对印尼、马来西亚和新加坡三者之间的商业往来有利。三是印尼对于美国经济财产的征用、对于菲律宾的颠覆性破坏活动,以及对于国际法关于海峡航行自由原则的承认这些问题都还须加以解决。四是结合美国在东南亚的整体战略,约翰逊政府须评估美国公开援助印尼陆军的衍生后果。

　　基于此,美国参谋长联席会议的建议是:(1)如果印尼陆军需要,美国可以向印尼提供有限的食品、药品方面的援助,以显示美国对新政府的支持;(2)基于印尼陆军对印尼共的打击占有优势,美国目前还不需要对印尼陆军提供公开的军事援助;(3)国务院和国防部应就向印尼提供公开性的军事和经济援助建立标准和细则。

## 第二节 美国隐蔽行动的公开化

1966年年初,雅加达的学生团体开始加入公开反对苏加诺政府的行列,这给苏加诺政府带来极大的压力。苏加诺政府采取了绝地反击的相关措施,但对整体的局势发展已经不能起到关键性的影响作用。随着苏哈托主导的印尼新政府的出现,美国对于印尼陆军的隐蔽援助慢慢走向公开化。

### 一、 苏加诺政府的绝地反击

1966年2月中旬,约翰逊、助理国务卿邦迪、格林、副总统国家安全事务助理柯默尔就印尼形势及美国的援助计划作了商讨。格林认为,虽然美国与印尼的关系到目前为止还不尽如人意,但"九三零"事件使印尼共的政治力量遭到彻底摧毁,苏加诺与西方世界斗争的愿望遭到抑制,"九三零"事件的发生及其后续政治进程对于苏加诺个人的声望造成了严重的负面影响。然而,苏加诺依然保持了总统的职位,对于政府的相关部门实施了有效地管控,等待重新掌控政治大局的机会。格林认为苏加诺是聪明、富有说服力的,同时身体状况还相当不错。①

事实证明,苏哈托并不愿意公然挑战苏加诺的决定,也不会公然与苏加诺为敌,而是选择做一个实际的局外操盘手。在过去几个月清洗印尼共的过程中,陆军已经完全煽动起针对苏加诺政府的敌对性宗教和政治情绪,如果穆斯林团体和青年团体受到陆军鼓励,那么针对苏

---

① *FRUS*,1964—1968,Vol. XXVI,pp.404 - 405.

加诺政府的反向运动是极有可能发生的。有消息显示，陆军正计划煽动游行，以此作为实施戒严令的托词，并进一步推翻苏加诺的决定。果然，学生团体公开反对苏加诺政府的游行示威行动出现了。

到3月初，印尼政治格局的发展趋势进一步明朗化。被煽动的学生团体意识到光靠他们自己的力量难以推倒苏加诺政府，只有印尼陆军才具备这种能力。[①] 然而，陆军在长时间内对于是否直接与苏加诺政府对抗都犹豫不决。学生团体认为应该引入陆军参与政治斗争，持续性的游行示威和其他活动将迫使陆军采取行动。从某种程度上讲，陆军希望学生进一步制造混乱、加剧反苏加诺的紧张政治氛围，如此陆军便能够以恢复安全和秩序为理由对苏班德里奥和其他苏加诺政府政治高层采取行动。但陆军中的相关人士认为，苏加诺目前虽然不是陆军行动的直接目标，但苏加诺肯定会极力反对陆军对于苏班

---

[①]　*FRUS*，1964—1968，Vol. XXVI，p.411.

德里奥采取的行动,陆军需要做好与苏加诺面对面抗衡的准备。

随着学生团体反苏加诺政府游行示威活动的持续进行,马利克称过去一个多月来印尼局势中最明显的变化是学生团体参与到反苏班德里奥和其他左翼内阁部长的行动中来,这些学生的力量超过所有政党联合的力量,他们获得了广泛的同情和支持。① 正如马利克所言,学生游行的力量是非同凡响的,在参与游行示威的学生中,有一些是支持苏加诺的高级政府官员的子女,这些子女的行为势必影响到父母的立场。同时,参与镇压的士兵和警察都不愿意朝学生开枪,马利克举例说,在3月8日,守卫外交办公室的一名警察用枪指着一名学生的时候,他发现这名学生是他长官的儿子,这个警察是如此的震惊以致离开了镇压行动。②

同时,印尼很多贸易工会以罢工的形式支持学生的

————————

① *FRUS*,1964—1968,Vol. XXVI,p.414.
② *FRUS*,1964—1968,Vol. XXVI,p.415.

游行示威。格林向马利克询问,如苏加诺解除纳苏蒂安的职务对后者有没有影响,马利克称丝毫没有影响,纳苏蒂安为此反而增加了行动空间。最后,格林尤其强调了印尼的安全政治形势发展会不会对在印尼的美国人和美国财产构成威胁,格林指出苏班德里奥及其负责的外交办公室受到学生的冲击,苏班德里奥不能对学生和军队采取报复行动,但他有可能利用"打手队"对大使馆采取行动。在过去两个星期内已经发生了两件这样的事情。在2月23日和3月8日,有组织的左翼人士团体袭击了美国大使馆,但没有造成人员伤亡,袭击人员也没有进入到大使馆内部。格林同时获得了一个未经证实的消息,即苏加诺对美国人异常的恼怒,可能会对美国人采取一定的报复行动。[①]

虽然美国政府认为陆军针对苏加诺政府高层人物的行动还存在不确定性,但以下几方面的情况是可以确定

---

① *FRUS*,1964—1968,Vol. XXVI,pp.415 - 416.

的：一是学生和其他民众团体比以前更加意识到他们必须动员陆军采取行动而并非等待；二是陆军中的年轻军官对于指挥官仍毫无作为深感不满，这进一步加强反苏加诺力量；三是苏哈托推动年轻军官发起请愿行动，以进一步增强自己与苏加诺对抗的力量；四是学生日益增长的反苏加诺行为对于苏加诺的镇压行为构成了巨大的压力，苏加诺政府担心学生的行为是陆军涉入局势的最佳托词。

在执政权力受到多种力量威胁的情况下，苏加诺深信坚定的政治立场可以分化和减弱反对派的力量。在过去一周内，苏加诺重新启用若干立场坚定的左翼人士担任政府要职，查封了学生行动指挥部，禁止学生的游行示威活动，关闭了大学。苏加诺清楚地意识到，陆军当中的很多军官和士兵并不愿意直接与他对抗，只要自己立场坚定，就可以破坏陆军联合民众一起对抗他的阴谋。

然而，苏加诺的思维已经不能适应形势的发展。学生团体无视苏加诺的不悦情绪，坚定地继续自己的行为。

在此期间，学生采取了相关直接针对苏班德里奥的行动，同时批评了苏加诺。随着形势发展，学生对于自己的行为充满自信，他们认为自身的行动正为某个历史性的转折点推波助澜。在感受到雅加达民众对于他们行为的支持后，他们的意志变得更加坚定。紧接着发生的学生包围总统府事件使学生团体反苏加诺政府的激烈程度达到了顶峰。

学生包围总统府事件不仅使苏加诺深受压力，也使苏哈托深感震惊，陆军担忧国内秩序失控，对于闹事的学生、穆斯林和其他团体进行了镇压。[①] 陆军的镇压行动使印尼国内的部分中立文职官员产生失望情绪，他们认为陆军行为并不可信。[②] 格林认为，印尼国内局势不稳、苏加诺和陆军之间的对抗僵持不下对印尼陆军十分不利，政治形势不稳和经济局势的恶化有可能促使印尼国内爆发革命，而苏加诺可以利用乱局重新使国家回到左

① *FRUS*，1964—1968，Vol. XXVI，p.396.
② *FRUS*，1964—1968，Vol. XXVI，p.397.

翼方向。中情局也认为,苏加诺和陆军谁也没有能力把对方推倒,但苏加诺深信时间在他这一边,他可以重新回到政治中心,使印尼社会主义恢复活力。与约翰逊政府的观点不同,印尼陆军对于形势发展趋于乐观。苏肯德罗一反以往的悲观情绪,在 3 月 2 日告诉新西兰的负责人:将军们很快会代替士兵成为爱国者。[①]

从总体看,学生的激动情绪和英雄主义情结对苏加诺政府构成了极大的挑战,使苏加诺政府陷入被动局面。此外,印尼一些接受过西方教育和持亲西方立场的学者突然出现在大街上与学生一起游行。美国方面接到很多报告,很多中产阶级家庭的主妇有组织地向学生提供食物和衣物,在街道上经商的相关商人和其他普通民众也为学生提供了免费的食品。[②]

约翰逊政府认为,学生的政治行为打破了苏加诺构建的政治教条。学生们向比他们年长的民众展示了一种

---

① *FRUS*,1964—1968,Vol. XXVI,p.412.
② *FRUS*,1964—1968,Vol. XXVI,p.413.

理念,即做一个爱国者不一定是要支持苏加诺或是支持现政府。学生提出的如降低物价、清除无所事事的官员的倡议道出了民众的心声。

雅加达的民众明显地站在陆军一边。中立政党和其他组织都发表声明表达他们对于苏哈托的支持。学生团体作为推动陆军采取直接行动对抗苏加诺政府的力量,起到了推动整个事态发展的作用,他们现在是欢呼雀跃的。他们步行或坐着卡车穿过城市,震天响地喊着打倒苏班德里奥、苏玛德杰(Sumardjo)和现任内阁以及平抑物价的口号和标语。

## 二、 美国政府隐蔽援助浮出水面

1966年1月19日,印尼外交办公室北美事务主任赫尔米(Helmi)再次向格林表达了印尼陆军希望西方国家提供紧急援助的请求。赫尔米提出为了缓解印尼目前的经济困境及争取民众对于印尼陆军的支持,30万到50万吨的大米、1.5亿英尺的棉布和相关医疗药品的援助是需要的。格林建议赫尔米最好提供其与苏哈托和纳苏蒂安面对面商谈的机会，这样格林可以向他们保证美国的援助只等时机一到就会到来。[①] 次日，国务院回复美国驻印尼大使馆，美国政府希望通过赫尔米向纳苏蒂安和苏哈托传达两个密不可分的想法：一是美国政府对于印尼人民争取政权独立、改善民众福祉的国内政治进程持续关注，准备为印尼人民实现斗争目标提供援助；二是只有印尼新政府提供了可以进行援助的条件，美国政府才会正式加以援助。国务院解释道，之前没有对于赫尔米提出的援助请求正面回复，并不是因为美国对印尼陆军的行为持否定态度，或是缺乏友谊性和同情性的关切，而是印尼的国内政治安全形势无法让美国立刻进行援助。[②] 国务院希望美国驻印尼大使馆对于以下事项进行进一步的核实和确认：一是美国的紧急援助和发展援助必须给予一个有政策连续和有效的政府。二是该政府能

---

① *FRUS*，1964—1968，Vol. XXVI，p.393.

② *FRUS*，1964—1968，Vol. XXVI，p.394.

够有效利用这些援助。三是美国政府与印尼政府关于援助的商讨只能以公开方式进行。美国政府认为,基于美国的民主政治体制,如果政府向国会和公众提出向印尼实行隐蔽援助计划,则不具备现实可行性。四是印尼新政府不能是一个独裁政府,这是美国公众和印尼民众所不能接受的。

2月2日,美国驻印尼大使馆向国务院递交了关于新近的印尼情势发展报告。大使馆认为,在1965年12月的头3个星期中,陆军在与苏加诺政府的斗争中不断巩固优势地位,关于"九三零"事件的审判已经开始,左翼政府人士的活动空间越来越窄,美国与印尼之间的关系开始好转,有消息称苏加诺即将流亡国外。同时,印尼国内经济形势恶化,通货膨胀严重,生活必需品和交通运输等方面的物价高涨,民众负面情绪反应强烈,陆军运用民意来诋毁印尼共、苏班德里奥和苏加诺的声望。1月15日,民众的愤怒和怨恨情绪达到顶点,数千学生包围了总统府要求苏加诺现身进行解释,苏加诺被迫保证负责经济事务的官员会重新评估经济形势,努力降低物价。①
在 2 月 12 日到 3 月 12 日,几千名学生持续性地在雅加
达大街上游行,要求禁止印尼共的组织活动,罢黜苏班德
里奥,平抑物价。此外,学生占领并破坏了印尼外交部的
设施,迫使教育部停止正常的工作流程。②

3 月 10 日,亚当·马利克与格林会面。马利克以从
未有过的兴奋情绪告诉格林,忠于纳苏蒂安和苏哈托的
22 个陆军营将在雅加达地区采取行动随时推翻苏加诺
政府。格林问,苏加诺准备解除苏哈托的职务这件事情
是否是真实的。马利克回答说苏加诺准备解除苏哈托和
阿德杰(Adjie)两个人的职务或其中一个人的职务。马
利克表示他希望苏加诺这么做,因为如此一来陆军将会
直接对苏加诺政府采取军事行动,给印尼带来长久以来
所需要的变化。格林问马利克,现在的军官是否都忠于
苏哈托,苏加诺有没有可能召集起支持他的部队,马利克

---

① *FRUS*,1964—1968,Vol. XXVI,pp.395 - 340.
② *FRUS*,1964—1968,Vol. XXVI,p.420.

　　　　　　　　　　　美国与印尼"九三零"事件

回答说苏哈托对于陆军拥有绝对的指挥效力。空军中的年轻军官也参与到了反苏加诺政府的行动中来,他们表示如果内阁左翼成员想逃离雅加达,那么他们将采取行动进行制止和破坏。就美国政府非常关心的美国人员的人身安全和财产安全问题,马利克回应称印尼陆军会有效地保护美国人。马利克称美方人员没有撤出雅加达的必要,但最好保持低调远离公众视线,因为在接下来的一个星期内局面会变得高度紧张。格林向马利克表达了美国希望与印尼建立一种新的双边关系的愿景,格林称这种关系将是富有效率且对印尼有利的,同时印尼国内不会发生反美行为或其他会永久性地损害美国和印尼关系的行为,如此双方能够展开富有成效的友谊和合作。马利克称他比以前更加相信双方的愿景会实现。①

在接下来的一周内,苏加诺政府与陆军之间真正的危机发生了。苏加诺罢黜了纳苏蒂安国防部长的职务,

---

① *FRUS*,1964—1968,Vol. XXVI,pp.414 - 416.

将内阁中的中立成员移除，代之以左翼人士。从程序上讲，除非陆军公开挑战苏加诺的决定，否则苏加诺将重新回到印尼的政治中心，扭转国内的政治安全形势。

　　苏加诺计划剥夺陆军最高领导人职权以及将左翼人士任命为陆军领导人的做法引起了陆军的反扑，陆军限制了苏加诺的权力，不过陆军在形式上还是保留了苏加诺作为印尼最高领导人的职位，以此维护国家的统一象征。3月12日，苏哈托解散并永久禁止了印尼共及印尼共支持者和同情者的组织活动。陆军颁布法令，授予苏哈托对印尼共组织及其支持者采取随时行动的权力。过了两天，可靠的消息称印尼陆军逮捕了20名内阁成员。①

　　印尼陆军掌权后的当务之急是组建一个有执政效力的新政府。同时，陆军方面对于印尼近期的公共秩序失控、军官的忠诚度和深入人心的苏加诺主义仍有忧虑

---

① *FRUS*，1964—1968，Vol. XXVI，pp.417 - 418.

之心。

　　美国方面认为,印尼未来权力斗争的格局还存在一些不确定性,目前来看陆军在角力中占得了主动权。陆军能否最终成功依赖维持现状的能力,及维持陆军内部团结的能力。同时,学生团体已经成为一股新生的印尼政治中的重要力量。现在的关键问题是陆军能否快速有效地巩固自身的地位,到目前为止,还不能清楚地知晓陆军会在多大程度上控制新政府,以及会在多大程度上与其他反印尼共的团体分享执政权力。以前被苏加诺政府监禁的相关反印尼共领导人,或许会在新政府中担任咨询顾问的角色,但美国认为陆军不会与这些人共享胜利果实,也不会让他们发挥重要作用。

　　如果印尼陆军想进一步巩固权力,美国估计其会在以下几个方向努力:一是重组内阁。那些支持印尼共的人士肯定会被替换,同时内阁规模会缩小,以尽量减少支持苏加诺的人。二是镇压腐败局面,发展经济,改善民生。三是重新评估和制定基本的外交政策。印尼和马来西亚之间的紧张关系会有所缓和。同时,陆军也会谨慎地与西方保持一定的距离。四是对于陆军的地位和功能重新定义。

3月12日,美国国家安全顾问科莫在向约翰逊提交的备忘录中指出,印尼陆军在与苏加诺、印尼共角力中取得胜利的意义难以估量。[①] 印尼拥有比其他所有东南亚国家都要多的人口和资源。在"九三零"事件发生之前,印尼呈现被共产主义占领的趋势,如果印尼成为社会主义阵营的一员,这对于整个西方世界将极为不利,而目前这一切都被扭转。科莫指出,目前印尼新政权对于未来印尼与美国之间的关系还抱有极大的不确定性,如果这时美国能够给予印尼几千吨小麦或大米的援助,这将产生巨大的心理效应,同时也展示了美国的友好态度。这是美国能以极小的代价换来印尼新政府与美国良好关系的机会。科莫担心国务院方面会对援助过分小心谨慎,

---

① *FRUS*,1964—1968,Vol. XXVI,p.419.

他建议约翰逊亲自做出给予印尼援助的指示。1966 年 3
月 31 日,美国国家安全委员会成员托马森向总统专门助
理提交了一份备忘录。约翰逊给国务院做出指示,认为
应该按照国际法给予印尼一次性 5 万吨大米的紧急援
助。① 美国的隐蔽援助浮出水面标志着苏哈托主导的印
尼政治格局基本定型,美国与印尼的关系进入了一个新
的阶段。

---

① *FRUS*,1964—1968,Vol. XXVI,pp.425 - 426.

# 结　语

 

---

 

1965 年的"九三零"事件是印尼国家发展史上的三大事件之一（另外两件是 1945 年印尼建国和 1998 年苏哈托辞职），"九三零"事件的发生及其衍生的政治、安全、经济、社会和外交诸方面的后果是印尼国家发展史的转折点。

就国内政治经济发展而言，苏哈托主导的镇压"九三零"事件的开始意味着苏加诺政府的瓦解和"新秩序"的诞生，随即而来的是印尼整个国家的"右转"。这种"右转"不仅仅意味着印尼致力于构建市场经济环境,否定苏加诺政府的政策、去除苏加诺的政治遗产被苏哈托认为是建立新政府的重要前提条件。

在区域性的地缘政治方面,苏哈托主导的反印尼共活动正处于冷战高潮时期,对地区政治产生了战略性的后果。苏哈托掌权后,印尼立马从奉行中立、反帝国主义的立场转为美国的追随伙伴,与美国一道在东南亚抵制"共产主义的扩张"。

尼克松政府对于 1965—1966 年美国在印尼的隐蔽行动方面的做法和经验颇感兴趣,尼克松指出这种经验和做法应该被借鉴到美国与其他东南亚国家打交道的过程中,甚至在全球的关系处理中都应多加应用。1970年,柬埔寨西哈努克政权被推翻涉及"九三零"事件中的隐蔽行动因素;1973 年,智利阿连德政府被推翻与苏加诺政权被推翻有诸多相同之处;此外,尼克松政府之后的美国政府在中美洲的相关隐蔽行动做法都可以在"九三零"事件中找到影子。

# 参考文献

---

### （一）英文档案及著作

1. *Foreign Relations of the United States*，*1955—1957*，Vol. ⅩⅫ，Washington D. C.：United States Government Printing Office，1989.

2. *Foreign Relations of the United States*，*1958—1960*，Vol. ⅩⅫ，Washington D. C.：United States Government Printing Office，1994.

3. *Foreign Relations of the United States*，*1961—1963*，Vol. ⅩⅫ，Washington D. C.：United

美国与印尼"九三零"事件

States Government Printing Office, 1994.

4. *Foreign Relations of the United States, 1964—1968*, Volume XXVI, Washington D.C.: United States Government Printing Office, 2000.

5. Justus M. van der Kroef, "*Indonesia's Economic Difficulties*", *International Journal*, Vol. XVII,1962.

6. Donald Hindley, "*Indonesia's Confrontation with Malaysia:A Search for Motives*", *Asian Survey*, Vol. IV, No.6,1964.

7. John Hughes, *The End of Sukarno*, London: Angus and Robertson, 1967.

8. Roger Hilsman, *To Move a Nation: The Politics of Foreign Policy in the Administration of John F. Kennedy*, New York: Dell Publishing Co. Inc, 1967.

9. U. S. CIA Research Study, *Indonesia - 1965: The Coup That Backfired*, December 1968.

10. Howard Jones, *Indonesia: The Possible Dream*, New York: Harcourt Brace Jovanovich, 1971.

11. J.A.C. Mackie, *Konfrontasi: The Indonesian-Malaysia Dispute, 1963—1965*, London: Oxford University Press, 1974.

12. Harold Crouch, *The Army and Politics in Indonesia*, Ithaca: Cornell University Press, 1978.

13. Rudolph Mrazek, *The United States and the Indonesia Military: 1945—1965*, Prague: Oriental Institute in Academia, 1978.

14. Robert Pringle, *Indonesia and the Philippines: American Interests in Island Southeast Asia*, New York: Columbia University Press, 1980.

15. Ulf Sundhaussen, *The Road to Power: Indonesia Military Politics 1945—1967*, Kuala Lumpur: Oxford University Press, 1982.

16. Ralph McGhee, *Deadly Deceits: My 25 Years*

*in the CIA*, New York: Sheridan Square, 1983.

17. Marshall Green, *Indonesian: Crisis and Transformation*, *1965—1968*, Washington, D. C.: The Compass Press, 1990.

18. Michael R. J. Vatikiotis, *Indonesian Politics Under Suharto: The Rise and Fall of the New Order*, New York: Routledge, 1998.

19. John Subritzky, *Confrontation Sukarno: British, American, Australian and New Zealand Diplomacy in the Malaysian-Indonesian Confrontation*, *1961—1965*, New York: St. Martin's Press, Inc., 1999.

20. Kenneth Conboy and James Morrison, *Feet to the Fire: CIA Covert Operations in Indonesia*, *1957—1958*, Annapolis, MD: Naval Institute Press, 1999.

21. W. F. Wertheim, "Indonesia before and after the Untung Coup", *Pacific Affairs*, Vol. 39, No. 1/

2, 1966.

22. Daniel S. Lev, "Indonesia 1965: The Year of the Coup", *Asian Survey*, Vol. 6, No. 2, 1966.

23. Donald Hindley, "Political Power and the October 1965 Coup in Indonesia", *The Journal of Asian Studies*, Vol. 26, No. 2, 1967.

24. Roger K. Paget, "The Military in Indonesian Politics: The Burden of Power", *Pacific Affairs*, Vol. 40, No. 3/4, 1967.

25. Justus M. van der Kroef, "Indonesia's 'Gestapu': The View from Moscow and Peking", *The Australian Journal of Politics and History*, Vol. 14, No. 2, 1968.

26. Donald E. Weatherbee, "Interpretations of Gestapu, the 1965 Indonesia Coup", *World Affairs*, Vol. 132, No. 4, 1970.

27. Justus M. van der Kroef, "Interpretations of

the 1965 Indonesia Coup: A Review of the Literature",
*Pacific Affairs*, Vol. 43, No. 4, 1970.

28. Leslie Palmier, "The 30 September Movement
in Indonesia", *Modern Asian Studies*, Vol. 5, No.
1, 1971.

29. Justus M. van der Kroef, "The 1965 Coup in
Indonesia: The CIA's Version", *Asian Affairs*, Vol.
4, No. 2, 1976.

30. Peter Dale Scott, "The United States and the
Overthrow of Sukarno", *Pacific Affairs*, Vol. 58, No.
2, 1985.

31. Francis J. Galbraith, "The Coup that Failed—
Indonesia 1965", *The National Interest*, No. 3, 1986.

32. H. W. Brands, "The Limits of Manipulation:
How the United States Didn't Topple Sukarno", *The
Journal of American History*, Vol. 76, No. 3, 1989.

33. Bryan Evans Ⅲ, "The Influence of the United

States Army on the Development of the Indonesian Army(1954—1964)", *Indonesia*, No.47, 1989.

34. Jaechun Kim, "U.S. Covert Action in Indonesia in the 1960s: Assessing the Motives and Consequences", *Journal of International and Area Studies*, Vol. 9, No. 2, 2002.

35. Matthew Jones, "U. S. Relations with Indonesia, the Kennedy-Johnson Transition, and the Vietnam Connection, 1963—1965", *Diplomatic History*, Vol. 26, No. 2, 2002.

36. Mary S. Zurbuchen, "History, Memory, and the '1965 Incident' in Indonesia", *Asian Survey*, Vol. 42, No. 4, 2002.

37. Paul F. Gardner, "Conflict and Confrontation in South East Asia, 1961—1965: Britain, the United States, Indonesia and the Creation of Malaysia", *Journal of Cold War Studies*, Vol. 6, No. 2, 2004.

美国与印尼"九三零"事件

38. Ragna Boden, "The 'Gestapu' Events of 1965 in Indonesia: New Evidence from Russian and German Archives", *Bijdragen tot de Taal -, Land - en Volkenkunde*, Vol. 163, No. 4, 2007.

39. David T. Johnson, "Gestapu: The CIA's 'Track Two' in Indonesia", http://www.hartford-hwp.com/archives/54b/033.html.

40. Robert Earl Patterson, "United States-Indonesia Relations, 1945—1949: Negative Consequences of early American Cold War Policy", http://scholarship.richmond.edu/cgi/viewcontent.cgi?article=1818&context=masters-theses.

## （二）中文资料

1. J.D. 莱格:《苏加诺政治传记》,上海:上海人民出版社,1977 年。

2. O.G. 罗德:《微笑的将军:印度尼西亚总统苏哈托》,北京:商务印书馆,1979 年。

3. 蔡佳禾：《双重的遏制：艾森豪威尔政府的东亚政策》，南京：南京大学出版社，1999年。

4. 王慧英：《肯尼迪与美国对外经济援助》，北京：中国社会科学出版社，2007年。

5. 石斌：《国际关系的历史场景与思想映像》，北京：生活·读书·新知三联书店，2013年。

6. 杨慧娟：《浅论苏加诺》，《东南亚纵横》1994年02期。

7. 吴迎春：《苏哈托沉浮记》，《时代潮》1998年08期。

8.《解密苏哈托》，《东南亚纵横》2000年11期。

9. 刘国柱：《肯尼迪时期美国与印尼关系解析》，《历史教学》2001年06期。

10. 白建才：《冷战时期美国对外"隐蔽行动"析论》，《世界历史》2010年04期。

11. 石斌：《1953年美英对伊朗的"准军事行动"及其相关问题——基于新史料的重新探讨》，《外交评论》2012

年 02 期。

12. 陈长伟:《"九三〇"事件之后美国对印尼局势的反应与对策》,《美国研究》2013 年 02 期。

### 图书在版编目（CIP）数据

美国与印尼"九三零"事件 / 何晓跃著. —南京：
南京大学出版社，2020.9（2021.11 重印）
（南大亚太论丛 / 石斌主编. 美国海外隐蔽行动
研究系列）
ISBN 978 - 7 - 305 - 23046 - 2

Ⅰ.①美… Ⅱ.①何… Ⅲ.①政变—研究—印度尼西
亚—1965 Ⅳ.①D743.2

中国版本图书馆 CIP 数据核字(2020)第 048261 号

出版发行　南京大学出版社
社　　址　南京市汉口路 22 号　　　邮　编 210093
出 版 人　金鑫荣

丛 书 名　南大亚太论丛·美国海外隐蔽行动研究系列
主　　编　石　斌
**书　名　美国与印尼"九三零"事件**
著　　者　何晓跃
责任编辑　官欣欣

照　　排　南京紫藤制版印务中心
印　　刷　南京爱德印刷有限公司
开　　本　787×1092　1/32　印张 10.375　字数 140 千
版　　次　2020 年 9 月第 1 版　2021 年 11 月第 2 次印刷
ISBN 978 - 7 - 305 - 23046 - 2
定　　价　58.00 元

网址：http://www.njupco.com
官方微博：http://weibo.com/njupco
官方微信号：njupress
销售咨询热线：(025)83594756

## "南京大学亚太发展研究中心"简介

"南京大学亚太发展研究中心"是由"南京大学亚太发展研究基金"定向全额资助的一个对大亚太地区进行全方位、多层次、跨学科研究的机构。它致力于承担学术研究、政策咨询、人才培养、社会服务与国际交流等功能。依托亚太发展研究中心设立的"南京大学亚太经济合作组织研究中心"是教育部国别与区域研究备案研究机构。

该中心是国内首家以"发展"为关键词命名的综合性地区研究机构,秉持"立足中国、面向亚太、辐射全球"的开放理念,旨在探讨亚太及全球"政治发展"、"经济发展"与"社会发展"诸领域的重要议题,彰显"和平发展"与"共同发展"的价值取向,弘扬"人类命运共同体"这一崭新的全球价值观。

"中心"定期主办"钟山论坛"(亚太发展年度论坛)、"励学讲堂"等学术论坛,旨在推动国内外学界、政府、企业、社会之间的对话与交流。

"中心"主办的出版物有《南大亚太论丛》、《南大亚太译丛》等系列丛书,《南大亚太评论》、《现代国家治理》、《人文亚太》、《亚太艺术》等学术成果。此外还有《工作论文》、《调研报告》、《工作通讯》等多种非正式刊物。

通信地址:江苏省南京市仙林大道163号南京大学仙林校区圣达楼460室南京大学亚太发展研究中心(210023)
电子邮箱:zsforum@nju.edu.cn
电话、传真:025 - 89681655
中心网址:https://www.capds.nju.edu.cn
微信公众号:CAPDNJU

南京大学亚太发展研究中心

微信号:CAPDNJU

本土关怀暨世界眼光　科学与人文并举
秉持严谨求实之学风　学术与思想共生
倡导清新自然之文风　求真与致用平衡